品成

阅读经典 品味成长

大学生就业规划实战手册

大倪 ◆ 编著

人民邮电出版社

北京

图书在版编目（CIP）数据

大学生就业规划实战手册 / 大倪编著 . -- 北京 ：
人民邮电出版社，2025. -- ISBN 978-7-115-67751-8

Ⅰ . G647.38-62

中国国家版本馆 CIP 数据核字第 2025LV3267 号

◆ 编　著　大　倪
　责任编辑　郑　婷
　责任印制　马振武

◆ **人民邮电出版社出版发行**　　　北京市丰台区成寿寺路 11 号
　邮编 100164　电子邮件 315@ptpress.com.cn
　网址 https://www.ptpress.com.cn
　三河市中晟雅豪印务有限公司印刷

◆ 开本：720×960　1/16
　印张：24.5　　　　　　　　　　2025 年 8 月第 1 版
　字数：306 千字　　　　　　　　2025 年 8 月河北第 1 次印刷

定价：69.80 元

读者服务热线：（010）81055671　印装质量热线：（010）81055316
反盗版热线：（010）81055315

序 言

我于 2012 年考入南开大学，是家族里的第一代大学生。我的父辈大多是初中学历，他们无法给予我太多的指导，所以从高中起，我人生中的重大决定基本只能靠自己。

进入大学前，我总听家长们说"上了大学就轻松了"，大一时，我不仅加入了七八个社团，还加入了学生会，我在课余时间就穿梭于各种学生活动。那时，我从未考虑过就业问题，当时的我以为自己考上了 985 高校①，人生就会一片坦途，毕业后，不是我去找工作，而是工作来找我。

所幸，这种"危险"的想法没有持续太久。大二时，我遇到了一位学姐，她对我说："如果你想本科毕业就参加工作，最好早点去实习，这对你的就业很有帮助。"听了学姐的话，我从大二便开始寻找实习机会。

要想找到实习机会，就需要准备简历。一写简历，我的心就凉了半截。我的简历上只有一些在学生会、社团担任干事的经历，感觉自己没有什么竞争力。之后，我投了很多简历，只有学校附近的一家小公司愿意给我实习机会。抱着"有总比没有强"的想法，我接受了这个实习机会。这段碰壁的经历使我

---

① 可参考教育部学位管理与研究生教育司《"985 工程"学校名单》，见中华人民共和国教育部网络。

收获颇丰，它让我意识到我必须丰富自己的简历。

要想丰富自己的简历，就要有拿得出手的校园经历。大二那年，我在南开大学读书的同时，还辅修了天津大学的工商管理专业；社团职务从干事升为部长，并且在社团工作期间，牵头完成了一个大型合作项目，还争取到了去香港交流的机会。大二结束后，我的简历"漂亮"多了，它让我在大三时先后获得了知名国企和世界 500 强外企的实习机会。后来，随着简历内容越来越丰富，毕业校招时，我也顺利地找到了满意的工作。

我至今都非常感谢那位学姐，她的一句话点醒了我，成为改变我人生的关键。从大二那年找实习机会起，我才真正开始思考就业问题：

- 企业想招什么样的人？

- 为什么企业不招其他同学，偏偏要招我？

- 我有什么过人之处吗？

我也经常向直播间里的同学提出这三个问题，很多时候得到的答案都是："我有大学英语四、六级证书""我是班干部"……

可是，很多同学都有大学英语四、六级证书，我们和他们相比又有什么优势呢？如果我们想应聘的是技术岗，当班干部所需的能力是技术岗需要的核心能力吗？

很多时候，我们自认为具备的优势条件，要么平平无奇，要么不是企业所需。

在做直播的近 3 年的时间里，我与几千组家庭进行过深度沟通，有些同学和家长完全没有规划意识；有些同学和家长虽然有目标，但是做了很多无用功。很多同学因为没有早做规划，毕业后没能找到满意的工作。他们回想起大学生活时都懊悔不已，但时间不能倒流，过去无法改变，他们也只能勉强接受不甚满意的当下。

在大学，让我受益最多的思维方式是"逆向思维"：首先，我们要弄清楚就业和升学的要求是什么；然后，以此倒推我们在大学需要做什么；最后，研究怎么做。

我写这本书的出发点是，尽可能地把我了解到的内容毫无保留地分享给看到这本书的你，让你可以站在更高的维度重新审视你的大学生活，清晰地规划自己人生的每一步。

本书分为上、下两篇，上篇为考编与升学，详细介绍了公务员、事业单位（人才引进）、教师、考研、留学等去向的招考情况；下篇为就业，详细介绍了央国企、私企、外企等企业的招聘要求，并针对实习、比赛、获奖等关键事件提供了实践路径。

希望本书可以像我的那位学姐之于我一样对你有所启发。从阅读本书起，你也可以开始思考前文我说的那3个问题：企业想招什么样的人？为什么企业不招其他同学，偏偏要招我？我有什么过人之处吗？想清楚这3个问题，然后提早规划与实践，你未来的求职、升学之路会更加从容、淡定。

最后，我要感谢工作室的小伙伴们，在写书的过程中，他们给了我很多灵感和支持，感谢白羽老师的引荐，感谢人民邮电出版社郑婷老师、婧姮老师对本书内容的审核与斧正，是大家一起成就了这本书，衷心感谢各位的帮助。

大倪

目　录

下篇　就业

上篇　考编与升学

第一章

公务员

这两年公务员的报考热度越来越高，很多同学都想通过公务员考试，进入心仪的工作单位。公务员单位有哪些？公务员考试好通过吗？该如何报考？关于公务员考试，大家有着诸多疑问。

　　在本章中，我会全面介绍公务员考试的基础情况和考试要求，帮助大家提前了解，从容应考。

第一节

常见的公务员单位有哪些

大家都说公务员好，公务员是"铁饭碗"，但对于哪些单位的工作人员属于公务员，考上公务员后要去哪里上班等却知之甚少。

我经常遇到有人以为国家电网、中国烟草等央企与国企（以下简称"央国企"）是公务员单位，或者以为教师也属于公务员，把公务员、央国企与事业编制混为一谈。说到底，很多人只是有一个模糊的印象说公务员好，其实完全不了解公务员的详细情况。

公务员单位到底有哪些？接下来，我们按照各单位招录岗位的数量，了解一下主要的招录单位。

1. 国考

2025 年，中央机关及其直属机构录用考试（以下简称"国考"）共计招录 20 810 个岗位，我统计了其中所有单位的招录岗位数量，共有 8 个单位的招录岗位超过 500 个，总计 18 769 个岗位，占所有岗位的 90%。[①] 也就是说，通过国考的考生，会有 90% 的人在以下这 8 个单位任职。

---

① 基于《中央机关及其直属机构 2025 年度考试录用公务员招考简章》中各职位的报名要求统计所得。

（1）税务局。各地税务局在2025年共计招录11 075个岗位，占比53%。

税务局负责国家税收工作，主要工作包括税款征收、纳税情况检查与监督、税收宣传与培训、税收政策执行与解释等。

税务局招录岗位的主要专业有财政学类、经济学类、金融学类、经济与贸易类、计算机类、工商管理类、法学类、中国语言文学类、电子信息类、统计学类、数学类、新闻传播学类等。因为各行各业都会涉及税务问题，所以大多数专业的毕业生都可以在税务局中找到可以报考的岗位。

（2）中国人民银行。中国人民银行在2025年共计招录1870个岗位，占比9%。

中国人民银行是我国的中央银行，主要工作包括货币发行、货币政策制定与执行、金融机构监管、经理国库、支付清算、金融统计与调查等。

中国人民银行招录岗位的主要专业有工商管理类、金融学类、电子信息类、计算机类等，还有少量岗位招录专业为数学类、统计学类、中国语言文学类、新闻传播学类、公共事业管理类等。

（3）金融监督管理局（以下简称"金融监管局"）。各地金融监管局在2025年共计招录1732个岗位，占比8%。

金融监管局的主要工作包括金融机构的准入审批与监管、金融消费者权益保护、金融行业风险监控、金融行业发展规划与政策制定等。

金融监管局招录岗位的主要专业有法学类、经济学类、金融学类、计算机类等，还有少量岗位招录专业为统计学类、电子信息类、中国语言文学类、新闻传播学类等。

（4）海关。各地海关在2025年共计招录1413个岗位，占比7%。

海关是国家进出关境监督管理机关，主要工作包括进出境货物监管、出入境卫生检疫、进出口关税及其他税费征收管理、查缉走私、海关统计等。

海关招录岗位的主要专业有植物保护、会计学、财务管理、计算机类、动植物检疫、法学类、审计学、植物科学与技术、动物医学类、海关管理、海关检验检疫安全、食品科学与工程类等。因为海关工作涉及各行各业的各种货物，所以招录专业范围很广，大多数专业的毕业生都可以在海关中找到可以报考的岗位。

（5）国家统计局及各地调查总队。国家统计局及各地调查总队在2025年共计招录903个岗位，占比4%。

国家统计局及各地调查总队属于参照《中华人民共和国公务员法》（以下简称《公务员法》）管理的事业单位①，每年都在国考中进行招录，主要工作包括开展社情民意调查、物价调查等各种调查，管理和公布统计调查数据等。

国家统计局招录岗位的主要专业有统计学类、数学类、计算机类、经济学类等，还有少量岗位招录专业为中国语言文学类、工商管理类、社会学类、法学类、新闻传播学类等。

（6）海事局。各地海事局在2025年共计招录658个岗位，占比3%。

海事局是交通运输部直属行政机构，主要工作包括水上交通安全监督管理、船舶及相关水上设施检验与登记、防治船舶污染与航海保障等。

海事局招录岗位的主要专业有交通运输类、公共管理类、海洋工程类、法学类、工商管理类等，还有少量岗位招录专业为计算机类、化学类、新闻传播学类、环境科学与工程类等。

（7）出入境边防检查总站。各地出入境边防检查总站在2025年共计招录

---

① 参照《公务员法》管理的事业单位虽然属于事业单位，但在人员管理、工资待遇等方面均按照《公务员法》进行管理。

577 个岗位，占比 3%。

出入境边防检查总站直属于公安部出入境管理局，是人民警察编制，主要工作包括人员 / 交通运输工具出入境边防检查、口岸限定区域管理、审核签发外国人临时入境许可、实施边控工作、防范查处非法入出境活动等。

出入境边防检查总站招录岗位的主要专业有法学类、哲学类、教育学类、历史学类、经济学类、管理学、文学、工学、理学、艺术学、医学、农学等，专业要求相对宽泛，大多数专业的毕业生都可以在其中找到可以报考的岗位。

（8）铁路公安局。各地铁路公安局在 2025 年共计招录 541 个岗位，占比 3%。

铁路公安局隶属于公安部，是公安部内设职能局之一，是人民警察编制，主要工作包括维护铁路治安秩序、打击违法犯罪活动、保障铁路运输安全等。

铁路公安局招录岗位的主要专业有计算机类、法学类、中国语言文学类、工商管理类、电子信息类、公共管理类等，还有少量岗位招录专业为马克思主义理论类、体育学类、交通运输类、工商管理类、新闻传播学类、心理学类等。

除了上述单位，另有气象局、水利部、中国证券监督管理委员会、邮政管理局、公安部、发展改革委、中国民用航空局、国家移民管理局等单位招录岗位较多，此处不再一一介绍。

2. 省考

关于各省公务员考试（以下简称"省考"），各省组织机构的设置有很多相似之处。以河南省为例，2025 年河南省省考共计招录 7629 个岗位，我统计了其中所有单位的招录岗位数量，共有 10 个单位的招录岗位数量超过 150 个，总计 4576 个岗位，占所有岗位的 60%。^①具体分布如下。

（1）政府办公室。各级人民政府办公室在 2025 年共计招录 1419 个岗位，占比 19%。

在省考中，人民政府办公室分为省级、市级、县级和乡级四级，主要工作包括事务协调与文件管理、政务信息收集与反馈、会议和活动组织、决策辅助与督查落实等。

在河南省省考中，84% 的政府办公室岗位不限专业，另有少量岗位限制专业必须为法学类、经济学类、工学、农学、管理学、中国语言文学类等，整体而言，专业限制较少。

（2）党委。各级党委在 2025 年共计招录 731 个岗位，占比 10%。

在省考中，党委分为省委、市委、县委和基层党委四级，主要部门包括宣传部、组织部、统一战线工作部、社会工作部等部门，主要工作包括执行上级党委的政策和决定、领导本地的经济建设和社会发展、加强党的组织建设、维护社会稳定和民族团结等。

党委招录岗位的主要专业有中国语言文学类、法学类、计算机类、马克思主义理论类、新闻传播学类、工商管理类、社会学类等，也有不少岗位不限专业。

（3）法院。各级人民法院在 2025 年共计招录 459 个岗位，占比 6%。

人民法院是国家的审判机关，依法独立行使审判权，主要工作包括审理民事、刑事、行政案件，执行判决，司法解释和司法建议等。

法院招录岗位的主要专业有法学类、工商管理类、公安学类、中国语言文

---

① 基于《河南省 2025 年度统一考试录用公务员职位表（省辖市以下）》中各职位的报名要求统计所得。

学类等，还有少量岗位招录专业为工商管理类、计算机类、新闻传播学类、图书情报与档案管理类等。

（4）公安局。各级公安局在 2025 年共计招录 446 个岗位，占比 6%。

公安局是人民政府下设主管公安工作的职能部门，主要工作包括维护国家安全、维护社会治安秩序、管理户籍和人口信息、交通管理、出入境管理等。

公安局招录岗位的主要专业有临床医学类、口腔医学类、计算机类、法学类、基础医学类、法医学类、电子信息类、中国语言文学类、公安学类、工商管理类等，还有少量岗位招录专业为麻醉医学类等。

（5）市场监督管理局。各地市场监督管理局在 2025 年共计招录 346 个岗位，占比 5%。

市场监督管理局（以下简称"市监局"）整合了以前工商管理局、食品药品监督管理局、物价局等部门的工作，需要管理的事务很多，主要工作包括市场主体登记注册与监管，市场秩序维护，产品质量监管，食品安全监管，药品、医疗器械和化妆品监管等。

市监局招录岗位的主要专业有法学类、工商管理类、计算机类、机械类、电子信息类、中国语言文学类等，还有少量岗位招录专业为中药学类、经济学类、自动化类等。

（6）检察院。各级人民检察院在 2025 年共计招录 283 个岗位，占比 4%。

检察院是国家法律监督机关，依法行使检察权，主要工作包括刑事检察、民事检察、行政检察、公益诉讼检察等。

检察院招录岗位的主要专业有法学类、中国语言文学类、工商管理类、公安学类、计算机类等专业，还有少量岗位招录专业为马克思主义理论类等。

（7）街道办事处。各地街道办事处在 2025 年共计招录 278 个岗位，占比 4%。

街道办事处是人民政府的派出机关，属于行政单位，主要工作包括执行政策与管理、社区安全与保障、社区服务与就业支持、综合执法与经济发展等。

在河南省省考中，82% 的街道办事处岗位不限专业，另有少量岗位限制专业必须为法学、经济学、工学、管理学、农学等，整体而言，专业限制较少。

（8）纪律检查委员会。各级纪律检查委员会在 2025 年共计招录 237 个岗位，占比 3%。

纪律检查委员会（以下简称"纪委"）是纪律检查机关，主要工作包括纪律审查、监督检查、巡视巡察、党风廉政建设宣传教育、制度建设与政策研究等。

纪委招录岗位的主要专业有法学类、工商管理类、公安学类、计算机类、中国语言文学类等，还有少量岗位招录专业为金融学类、经济学类、电子信息类、公安技术类等。

（9）司法局。各级司法局在 2025 年共计招录 207 个岗位，占比 3%。

司法局是政府宣传管理法律的专业职能部门，主要工作包括法治宣传教育、社区矫正、法律援助、人民调解、公证、司法鉴定等。

司法局招录岗位的主要专业为法学类，还有少量岗位招录专业为计算机类、工商管理类、中国语言文学类等。

（10）监狱。各地监狱在 2025 年共计招录 170 个岗位，占比 2%。

监狱基本上都属于省直单位，主要工作包括刑罚执行、狱政管理、教育改造、心理矫治、劳动改造等。

监狱招录岗位的主要专业有临床医学类、电子信息类、计算机类、护理学类、医学技术类、中西医结合类、工商管理类等，还有少量岗位不限专业，或者招录专业为教育学类、法学类等。

　　省考招录单位众多，以上 10 个单位的招录数量仅占所有岗位的 60%，另有财政局、发展改革委、社会保险中心、生态环境局、农业农村局、卫生健康委员会、人力资源和社会保障局等单位招录岗位较多，此处不再一一介绍。

第二节

国考与省考的区别

　　想要通过公务员考试进入心仪的工作单位，最常见的方法就是通过国考和省考选拔。那么，国考与省考到底有什么区别呢？

　　其实，它们之间的主要区别只有一个——招录机关不同。简单来讲，国考招的人归国家管，省考招的人归地方管，国家和地方的招录要求不同，需要各自招录，所以，才出现了国考和省考两种考试。

　　国考和省考有很多相同之处。比如，选拔方式都是先笔试后面试，笔试科目都是《行政能力测验》（以下简称《行测》）和《申论》，通过考试后都能拿到行政编制或者参公管理的事业编制。

　　国考与省考也有一些不同之处。

　　（1）考试次数。国考1年只有1次，一般在大家毕业前一年的12月组织考试，绝大多数省份的省考1年也只有1次，但有3个省级行政单位，如重庆、四川和新疆，一年组织2次省考。另外，广东省除了会组织广东省省考，还有单独的广州市市考和深圳市市考，相当于有3次考试。

　　（2）考试时间。国考一般是每年的11月底或12月初考试，省考分为小联考、大联考和零散招考。以2025年的省考为例，江苏、浙江、上海、山东、北京、天津、四川在2024年12月8日同一天考试，被称为"小联考"；安徽、山西、河南、湖北、广东、贵州、江西、海南、新疆、辽宁等20多个地区在2025年3月15日同一天考试，被称为"大联考"；西藏、深圳等地的省考不参加联考，另有考试时间。

（3）考试难度。国考的难度要高于省考，以《行测》为例，同样都是120分钟的考试时间，国考的《行测》题量为130～135道，省考的《行测》题量在120道左右。除了题量，国考的题型设置相对更难。

国考的竞争非常激烈，2025年国考审核通过人数与录用计划人数比例达到86∶1[①]，也就是说，每86个参加国考的人只有1个能"上岸"。省考的竞争相对较小，竞争难度受到地区经济、人口等各种因素的影响。比如，在经济发达的广东、江苏、浙江，人口大省河南、山东等地竞争非常激烈，而在西部的新疆、西藏、青海，东北的黑龙江、吉林等地竞争难度相对较小。

（4）考试地点。国考会在全国各省会、直辖市、自治区首府和个别大型城市设置考点，省考会在本省的大部分地级市设置考点。

经常会有人问我："参加完国考还能参加省考吗？"

答案是可以，而且我建议大家尽量同时报名国考和省考，因为它们的考试科目相同，加上国考在各地区都有岗位与考点，同时报名可以提高考公通过率。

我甚至见过有同学"全国巡考"。比如，有人不仅报名了12月1日的国考，又在12月8日考试的7个省份中选了1个省份参加省考，还在3月15日考试的20多个省份中选了1个省份参加省考，同时还选了单独考试的深圳、西藏等地，甚至还选择参加了选调生招考（后文会详细介绍选调生的招考）。

上面这种"全国巡考"的方式，只适用于专心考公且对工作地点没有限制的同学，比较耗费时间。虽然国考招录时全国各地都有岗位，但省考的岗位基

[①] 见北京青年报《2025年国考340余万人过审 考录比例86∶1》。

本都在本省，如果想回家乡从事公务员工作，就只能参加国考、本省省考、选调生3种考试。

因为国考的难度一般较大，所以同时参加国考、省考的同学，可以以国考的复习为主，只要通过国考，省考的问题就不会太大。

以上分析的是国考与省考在考试方面的区别，那么国考与省考招录岗位的发展前景和薪资待遇如何呢？

有人会觉得国考招录的岗位归国家管，发展前景会不会比省考招录的岗位更好？其实不然。

国考招录的岗位多采用垂直管理，既有中央部委招录的岗位，又有基层岗位。其中，中央部委行政级别高，招录岗位的发展前景确实很好，但基层岗位，比如招录岗位最多的基层税务局，工作人员大多在本系统内晋升，跨部门、异地调动的机会很少，发展前景相对一般。

省考招录的岗位多采用开放式管理，部门多，调动相对灵活。比如，交通局的工作人员不仅可以在交通局内部晋升，还有机会调动到发展改革委、住房和城市建设委员会等其他机关晋升，也有机会异地调动，发展前景并不差。

整体来讲，国考与省考招录岗位的发展前景不能一概而论，它受到单位级别、岗位等很多因素的影响，需要根据具体情况具体分析。

关于国考与省考招录岗位的薪资待遇：国考招录岗位的工资由国家财政拨款，标准较高且较为统一；省考招录岗位的工资由省内各级财政拨款，具体薪资受到地方经济发展水平的影响，在经济发达地区，如北京、上海、广东等地，薪资较高，经济欠发达的中西部、东北地区，薪资待遇相对较低。

一般来讲，在岗位各方面相差不多的情况，经济发达地区省考招录岗位待遇高于国考招录岗位，经济欠发达地区省考招录岗位待遇低于国考招录岗位。

第三节

考公好"上岸"吗

目前,本科生毕业后的发展方向有 4 种——考公、考编、考研和进企业,这 4 种发展方向的难度经常被拿来比较。从报录比(报名人数:录取人数)的角度讲,考公的难度最大。

为了更直观地感受国考与省考的通过难度,我找出了近 5 年国考和省考的考录数据,供大家参考。

1. 国考

2021—2025 年,国考的招录人数仅增加了 1.4 万,但报名人数增加了 184 万,报录比高达 86:1(见表 1-1)。

表 1-1　2021—2025 年国考考录数据

年份	招录人数	审核通过的报名人数	报录比
2025	39 721	341.6 万	86:1
2024	39 561	303.3 万	77:1
2023	37 100	259.7 万	70:1
2022	31 242	212.3 万	68:1
2021	25 726	157.6 万	61:1

资料来源:国家公务员局、央视新闻。

这里的 86∶1 是平均报录比，平均了热门岗位和冷门岗位的报考热度。如果只看所谓"好岗位"的报录比，更会让人大吃一惊。

2025 年国考中，最热门的岗位是"中华职业教育社 – 联络部 – 一级主任科员及以下"，仅招 1 人，有 16 702 人报考，报录比高达 16 702∶1。

2. 省考

各省份省考的报录比均不相同，因为篇幅原因无法一一列举，这里我仅举两个典型省份的报考数据作为参考（见表 1–2、表 1–3）。

表 1–2　2021—2025 年江苏省省考考录数据

年份	招录人数	报名成功人数	报录比
2025	9504	39.7 万	42∶1
2024	9470	41 万	43∶1
2023	9272	42.3 万	46∶1
2022	8159	46.4 万	57∶1
2021	9536	46.3 万	48∶1

资料来源：江苏省人力资源和社会保障厅、《扬子晚报》。

表 1–3　2021—2025 年贵州省省考考录数据

年份	招录人数	报名人数	报录比
2025	6719	43.7 万	65∶1
2024	6142	41.4 万	67∶1
2023	5581	33.3 万	60∶1
2022	4658（含选调生）	33.9 万	73∶1
2021	3356	28.4 万	85∶1

资料来源：贵州省人事考试信息网。

与国考相比，省考的报考人数相对少很多。根据各省竞争激烈程度不同，平均报录比一般在 85∶1～15∶1，虽然很多省份的省考难度远低于国考，但最少也是 15 个报名的考生中仅有 1 人可以"上岸"，报考难度仍然很高。

省考的热门岗位虽然不会像国考那样"万里挑一"，但基本都是"千里挑一"。以江苏省为例，2025 年省考竞争最激烈的岗位是"南京市浦口区 – 区信访局 – 一级主任科员及以下"，仅招 1 人，有 1783 位考生报名，报录比为 1783∶1。

特别提示的是，上述国考和省考的报名数据包含应届生、社会人士可报的所有岗位的平均数据，如果只看招录应届生的专属岗位，竞争激烈程度会低一些。但因为每年官方并不会发布应届生专属岗位的报考数据，所以只能以整体数据举例。

另外，竞争特别激烈的岗位呈现以下两大特点。

- 限制条件少：多为三不限岗位，即不限专业、不限学历（大专以上均可）、不限户籍。

- 单位级别高或福利待遇好：如 2025 年国考中最热门的岗位"中华职业教育社 – 联络部 – 一级主任科员及以下"就属于国家部委，发展前景很好。

发展前景和福利待遇好，限制条件又少的岗位肯定会成为考生眼中的"香饽饽"。

为了避免报到"万里挑一"的岗位，我们在选择报考岗位时应尽量选择限制条件多的岗位，通过专业、学历、户籍、政治面貌等多方面条件的限制，可以过滤掉大部分竞争对手。

我们在选择单位时也要量力而行，中央部委、省委等单位的岗位是好，但也不能一味地往"高"了报，报考前可以查一下各单位往年的报录比，根据自己的复习情况，选择合适的单位报考。

第四节

考公的报考流程

考公是一场持久战，很多同学会花费半年、一年甚至更长的时间准备考试。考公到底有哪些环节？每个环节有什么注意事项？彼此间隔多长时间？接下来，我将按照时间顺序详细梳理一下考公的关键步骤。

1. 选岗

考公的第一步不是买书开始复习，而是先选岗。我遇见很多同学在大学想了 3 年要考公，等到大四报名时却发现自己的专业根本没有匹配的岗位，只能选择报考竞争特别激烈的"三不限"岗位，最终只能被淘汰。

我们到底能不能参加国考和省考？这件事是可以提前确定的。

国考和省考每年招录的情况相差不大，我们可以通过历年国考和省考招录岗位表推测自己报考年份的招录情况，重点关注专业、学历、户籍、政治面貌、基层工作经验等硬性条件是否符合。

如果你在近 3 年的国考和省考招录岗位表中都没有找到匹配的岗位，那么你考试那年大概率也不会有岗位招录，这种情况不如趁早放弃，选择其他就业方向。

还要注意的一点是，虽然国考和省考招录的所有岗位都考《行测》和《申论》，但不同岗位之间考试的题量和内容侧重点不同。

国考根据岗位不同，会有 3 套试卷，分别是副省级、地市级和行政执法类；省考根据省份不同，一般有 1 ~ 3 套试卷。比如，湖南省就有 3 套试卷，分别是省市卷、县乡卷和行政执法卷。

3 套试卷在题量、考查内容重点等方面均有所不同。比如，国考《行测》科目中，副省级比地市级、行政执法类多 5 道数量关系题，难度更大；《申论》科目中，副省级往往围绕国家发展战略、宏观政策等问题，地市级更聚焦社区治理、农村发展等基层问题，行政执法类则主要涉及行政执法、政府服务等问题。

提前选好岗位，可以让我们的复习更有侧重点。

国考和省考的岗位表去哪里找呢？国考的岗位表在"国家公务员局"网站上可以找到；省考的岗位表，每个省份的发布渠道不同，一般可以在各省的人事考试网、省委组织部的网站以及人力资源和社会保障厅的网站上找到。

2. 笔试复习

我们确定自己可以报考公务员后，就可以着手开始复习，绝大多数岗位笔试考的都是《行测》和《申论》。

《行测》包含 6 个板块：政治理论、常识判断、言语理解与表达、数量关系、判断推理与资料分析。其中，政治理论为 2025 年新增的考查板块。

《申论》包含 5 种题型：归纳概括题、综合分析题、提出对策题、贯彻执行题与申发论述题。

少部分岗位还需要加试其他科目。比如，部分外语类职位报考者需要额外参加外语水平测试；部分金融、会计、公安岗位报考者需要额外参加专业科目笔试。

关于考公笔试的复习时间，我曾遇到有同学从大一开始就学习相关考试科目，这样长的复习时间未免有些夸张。我建议在笔试前 1 年左右开始复习，时间较为充裕，复习太早容易影响考试心态。

有些同学可能是临时决定冲刺国考和省考，这种情况建议复习时间不要少于 3 个月，国考和省考的竞争极其激烈，复习时间太短，考试通过的概率极小。

3. 发布公告与网上报名

每年国考的笔试时间较为固定，多为 11 月底或 12 月初，我梳理了近 5 年国考的报名时间要求，供大家参考（见表 1–4）。

国考往往都是考公的第一战，国考发布招考公告后，各个省份才会发布省考公告。

以 2025 年各省省考为例，江苏、浙江、上海、山东、北京、天津、四川的笔试时间均在 2024 年 12 月 8 日，发布招考公告的时间为 2024 年 10 月 31日—11 月 12 日，提前 1 ~ 1.5 个月。

安徽、山西、河南、湖北、广东、贵州、江西、海南、新疆、辽宁等 20多个地区的笔试时间在 2025 年 3 月 15 日，发布招考公告的时间也是提前1 ~ 1.5 个月。

这里要特别提示的是，应届生参加国考笔试的时间是在大四 / 研三上学期的 11—12 月，省考是与国考在同一个月或在国考后的 2 ~ 3 个月。比如，考试时间在 2024 年 12 月 1 日的国考中对应的应届生是指 2025 年毕业的同学。

我曾遇到有同学以为毕业后才能参加国考和省考，白白浪费了自己的应届生身份。

表 1-4　国考报名考试时间安排表

年份	公告发布时间	报名时间	资格审查	确认/缴费时间	打印准考证	笔试时间	成绩查询
2025	2024 年 10 月 14 日	2025 年 10 月 15—24 日	2025 年 10 月 15—26 日	2025 年 11 月 1—6 日	2025 年 11 月 25 日—2025 年 12 月 1 日	2025 年 11 月 30 日—2025 年 12 月 1 日	2025 年 1 月 14 日
2024	2023 年 10 月 14 日	2024 年 10 月 15—24 日	2024 年 10 月 15—26 日	2024 年 11 月 1—6 日	2024 年 11 月 20—26 日	2024 年 11 月 25—26 日	2024 年 1 月 13 日
2023	2022 年 10 月 24 日	2023 年 10 月 25 日-2023 年 11 月 3 日	2023 年 10 月 25 日—2023 年 11 月 5 日	2023 年 11 月 10—15 日	2023 年 1 月 3—8 日	2023 年 1 月 7—8 日	2023 年 3 月 14 日
2022	2021 年 10 月 14 日	2022 年 10 月 15—24 日	2022 年 10 月 15—26 日	2022 年 11 月 1—7 日	2022 年 11 月 22—28 日	2022 年 11 月 27—28 日	2022 年 1 月 9 日
2021	2020 年 10 月 14 日	2021 年 10 月 15—24 日	2021 年 10 月 15—26 日	2021 年 11 月 1—7 日	2021 年 11 月 23—29 日	2021 年 11 月 28—29 日	2021 年 1 月 10 日

注：其中 2023 年国考原定于 2022 年 12 月 3—4 日举行，但因为新冠疫情延期至 2023 年 1 月 7—8 日举行。

资料来源：国家公务员局网站。

国考和省考的报名，一般分 2 步：网上报名和资格审查。

网上报名阶段，我建议可以稍微晚点，综合比较各个岗位的报名情况后，选择报考热度低的岗位报考，但也不要太晚，因为国考和省考需要准备的材料很多。比如，应届生报名时需要提供学校盖章的报名推荐表，类似这样的材料准备手续复杂，开始得太晚容易出现报名材料未准备齐全，但报名时间已截止的情况。

报名完成不等于报名成功，需要等待资格审查结果。资格审查环节会对报考者报名时填写的内容和提交的各项材料进行审查，确认报考者是否具备报考资格。如果资格审查通过，报考者就不能再报考其他职位；如果资格审查没有通过，报考者就可以改报其他职位。

资格审查一般会和国考、省考的报名同时开始、同时结束或者晚 1 ~ 2 天结束。有些同学会遇到考试报名已经结束，但资格审查还在进行中的情况，这时一般有以下 2 种结果：

- 资格审查未通过，报名失败。
- 资格审查结果显示"退回补充材料"，则需要补充材料后，重新提交。

资格审查的时间快则 1 ~ 2 小时，慢则 2 天，大家一定要提前报名，尽量在报名截止时间之前完成资格审查，才能万无一失。

4. 报名确认及缴费

资格审查通过后，考生需要登录网站进行报名确认，确认无误后完成缴费，报名才算真正成功。如果逾期未完成缴费，则视为自动放弃报考资格。

国考和省考的报名费用多数在 40 ~ 50 元 / 科，多数考生都是报考《行测》和《申论》2 科，最终报名费用在 80 ~ 100 元。当然，也有少数地区免费报名或者费用稍高，此处不再赘述。

5. 打印准考证

笔试前，考生需要登录网站打印准考证。打印准考证时需要选择考点，每个城市的考点容量有限，如果你想去的考点已满员，就只能去本市的其他考点或临近城市的考点，所以准考证一定要尽早打印。

我遇到过不少考生因为打印准考证时间太晚，导致不能选择心仪的考试地点，被迫提前一天或当天前往考试城市，舟车劳顿，影响考试发挥。

如果确实需要提前一天住在考点附近，记得提前预订酒店，届时酒店也会非常抢手。

6. 笔试

笔试一般上午一科，下午一科，如果只考《行测》和《申论》，一天即可考完，如果需要加试其他科目，则需要第二天再次前往考场进行考试。

每年都会有很多考生因为各种原因弃考，有些考生担心弃考会影响第二年的公务员报考，这点无须担心。考公笔试弃考视为自愿放弃笔试，不会产生任何影响，只是报名费用不予退还。

7. 公布笔试成绩

一般在笔试后的一个月左右公布笔试成绩，如果考生因笔试成绩低未能进入面试人员名单，那么还有一次调剂机会，调剂时，考生需要满足以下 3 个条件：

- 符合拟调剂岗位的所有报考要求。
- 原职位的笔试科目和拟调剂职位的笔试科目相同。

● 笔试成绩同时达到原职位和拟调剂职位的合格分数线。

以上 3 个要求全部符合，考生方可申请调剂，等待又一次的资格审查结果和进入调剂职位面试人员名单通知。

8. 面试

面试前还会有一次资格审查，主要针对考生报名时提交的资料进一步核实，以确保考生符合条件。资格审查分为现场审查、邮寄材料审查、传真审查等方式，资格审查通过后，考生方可参加面试。

这时可能会出现有的考生因为面试前的资格审查未能通过，导致面试人数不足，按照笔试成绩排名递补进入面试环节的情况，所以在公布面试名单后，如果笔试分数与分数线相差不大，考生应及时关注递补通知。

面试的时间不固定，一般由招录单位自行确定。比如，2025 年国考各单位面试时间在 1 月底至 2 月底之间，时间跨度较大。

面试现场考官多为 7 人，另有 1 位计分员、1 位计时员和 2 位监督员，面试形式大多采取以下 3 种形式：结构化面试、无领导小组讨论面试、结构化小组面试。

国考面试成绩一般在面试完当场公布，公布成绩后，考生要确认签名，签完名后方可离开考场。大多数省份的省考也会当场公布面试成绩，但也有部分单位不会当场公布，留待后续公布，等待时间一般较短，多为 2 ~ 3 天。

9. 公布综合成绩

国考中，如果报考的职位只需要考《行测》和《申论》，那么综合成绩 = 笔试成绩 ×50%+ 面试成绩 ×50%；如果报考的职位还有专业能力测试，那么

综合成绩 = 笔试成绩 ×50%+（面试成绩 + 专业能力测试）×50%。

省考中，各省规定不同，有些省份的笔试、面试成绩比例为 4∶6，如浙江省；有些省份的笔试、面试成绩比例为 5∶5，如江苏省；也有省份的笔试、面试成绩比例为 6∶4，如安徽省，具体比例分配情况，需要查询各省份的招考公告。

10. 体检

确定待录用后，考生需要参加体检，体检项目和标准按照《公务员录用体检通用标准（试行）》（详见附录 A）及《公务员录用体检操作手册（试行）》执行。

体检需要考生前往单位指定的体检医疗机构，如果体检未通过或者对体检结果有疑问，考生还有 1 次复检机会。

另有少部分单位，如公安机关等，对体检的要求较高，执行特殊的体检标准，此处不再赘述。

11. 考察

体检通过后，考生进入考察阶段。考察有点类似于企业招聘时进行的背景调查，主要核实考生是否具备报考资格，提供的报考信息和相关材料是否真实、准确、完整，是否具有报考回避的情形等方面的情况。

特别要提示的是，考察阶段有可能出现有考生未通过考察，继续从参加面试但未进入体检环节的考生中递补的情况，所以综合成绩与录用成绩差距不大的考生，也要记得及时关注递补通知。

12. 公式与录用

　　考察合格的考生，招录机关会在相关网站上进行公示，公示期一般为5～7个工作日，公示期满后，没有问题或者反映的问题不影响录用的，按照规定程序办理录用审批手续。

　　特别要提示的是，公示期并非万无一失，大家应尽量低调行事，不要提前庆祝，之前确实出现过公示期被举报，最终被取消录用资格的先例。

第五节

考公报名的硬性要求

我们总能在网上看到关于考公的各种传言：专业要求，大学英语四、六级，户籍要求，政治面貌要求……让人感觉公务员的报考条件极其严格，必须成为一个各方面都好的"完美学生"才能报考。

现实情况并非如此，除了少部分要求严格的岗位，大部分岗位无须满足过多要求，报考条件相对宽松。

接下来，我们还是从国考和省考两个方面剖析一下公务员的报考要求。

1. 国考

国考常见的报考要求包括专业、学历、政治面貌、基层工作年限、服务基层项目工作经历、证书、应届生身份、性别、户籍地或生源地等，我们选取其中大家比较关心的部分来看一下具体数据。

（1）专业。2025 年国考招录的 20 810 个岗位中，仅有 22 个岗位不限专业，其他岗位均有专业限制。

国考对专业的限制一般有以下两种情况：

- 严格按照专业进行招录，比如有些岗位明确要求只招聘经济学专业。
- 按照专业大类进行招录，比如有些岗位专业要求写的是经济学类。

例如，某同学的专业为经济统计学，那么他就不能报考只招聘经济学专业的岗位，但可以报考招聘经济学类的岗位，因为经济统计学属于经济学类。

国考招录岗位的大部分专业为财政学类、经济学类、金融学类、经济与贸易类、计算机类、法学类、工商管理类、电子信息类、中国语言文学类、统计学类、数学类、新闻传播学类、管理科学与工程类、公共管理类、电子商务类等（具体专业目录及门类详见附录 B 和附录 C）。

上述这些专业的同学在国考中大概率可以找到可以报考的岗位，其他招录较少专业的同学决定考公前，一定要先查询国考招录岗位表，确实有岗位可报再开始复习。

（2）学历。2025 年国考招录的 20 810 个岗位，对学历的要求详见表 1-5。

表 1-5　2025 年国考学历要求统计表

学历要求	岗位数量（个）	占比
大专可报	21	0.1%
本科可报	18 044	87%
硕士研究生可报	17 511	84%
博士研究生可报	16 061	77%
合计	20 810	100%

注：本科可报的岗位中包含大专及以上、大专或本科、仅限本科、本科及以上、本科或硕士研究生 5 种要求。

有很多同学在考研和考公中不知道该如何选择，我一般会建议他先去看看国考和省考的招录岗位表，国考中本科生可以报考 87% 的岗位。如果想考公，大部分同学不必考研，凭本科学历即可报考。

有人担心同等情况下，国考是否会优先录取硕士研究生？

答案是否定的，国考的笔试只看成绩，与学历无关；面试现场，考官也不知道考生的学历信息，仅凭现场表现打分。

报考硕士研究生对于国考的真正优势在于，拥有硕士研究生学历的考生可以报考仅限硕士研究生或者硕士研究生学历及以上才能报考的岗位，竞争较小。如果考完研后报考的还是本科及以上学历就能报考的岗位，读研的意义不大。

还有人认为，硕士研究生学历转正后级别高，未来晋升空间大，这也是一个常见的误区。

本科生转正后一般被定为一级科员，硕士研究生转正后一般被定为四级主任科员，二者之间仅差一级。在入学时间相同的情况下，硕士研究生比本科生多上3年学，本科生比硕士研究生多3年工作经验，很多单位的本科生都能在硕士研究生考上公务员前升为四级主任科员，在级别上差距不大。

相对于学历，公务员未来的晋升更加看重个人能力和工作表现，硕士研究生的优势不一定更大。

（3）应届生身份。2025年国考中，关于应届生身份的要求有两种：①限2025届应届毕业生；②限应届毕业生。第一种很好理解，就是仅限2025年毕业的同学报考，第二种则是指2023—2025年处于择业期且未落实工作单位的毕业生均可报考。

除了上述两种要求，还有不限应届生的岗位，具体数据如表1-6所示。

国考中，当年毕业的应届生最有优势，毕业2年内的同学报考稍有优势，但优势不大。国考也并不是只有应届生可以报考，有很多岗位35周岁以下都可以报考。

表 1-6 2025 年国考应届生毕业时间要求统计表

毕业时间	岗位数量（个）	占比
限 2025 届应届毕业生	8073	39%
限应届毕业生（含 25 届、24 届、23 届）	5419	26%
其他	7318	35%
合计	20 810	100%

（4）政治面貌。2025 年国考，对政治面貌的要求详见表 1-7。

表 1-7 2025 年国考应届生政治面貌要求统计表

政治面貌	岗位数量（个）	占比
中共党员	1213	6%
中共党员或共青团员	18 073	87%
不限	1524	7%
合计	20 810	100%

2025 年国考中，只有 6% 的岗位要求报考者必须为中共党员，绝大多数岗位共青团员即可报考。

（5）大学英语四、六级证书。2025 年国考中，有 5301 个岗位对考生的英语水平有要求，占比 25%。[①] 其中，绝大多数岗位仅要求具有大学英语四级证书，少部分岗位要求具有大学英语六级证书。仅限英语专业报考的岗位中，本科学历考生大多要求具有英语专业四级证书，硕士研究生学历考生大多要求具有英语专业八级证书。

虽然在国考的招聘中，对于英语有要求的岗位不算多，但我强烈建议大家

①基于《中央机关及其直属机构 2025 年度考试录用公务员招考简章》中各职位的报名要求统计所得。

在本科期间考取大学英语四级证书，研究生期间考取大学英语六级证书，拥有该证书对考公、进企业等多种就业方向均有帮助。

（6）户籍地或生源地。2025 年国考中，仅有 327 个岗位对考生户籍地或生源地有要求，占比 2%，其他岗位均无要求，此处不再赘述。

2. 省考

每个省份省考的招录要求均不相同，相对国考，主要有以下 5 个方面的区别。

（1）专业要求相对宽松。省考中不限专业的岗位占比更大。例如，2025 年河南省省考共计招录 7629 个岗位，其中 2035 个岗位不限专业，占比 27%。[1]

（2）户籍要求相对严格。省考中对户籍地或生源地有要求的岗位占比更大。例如，2025 年天津市市考共计招录 1058 个岗位，其中 130 个岗位要求考生户籍地或生源地为天津市，占比 12%。[2]

（3）政治面貌要求相对宽松。省考中对政治面貌有要求的岗位占比更小。例如，2025 年浙江省省考共计招录 5174 个岗位，其中 4936 个岗位均不限制政治面貌，占比 95%。[3]

（4）大学英语四、六级证书要求相对宽松。省考中对大学英语四、六级证书有要求的岗位占比更小。例如，2025 年北京市市考共计招录 1893 个岗位，

---

[1] 基于《河南省 2025 年度统一考试录用公务员职位表（省辖市以下）》中各职位的报名要求统计所得。

[2] 基于《天津市 2025 年公开招考公务员（参照公务员法管理单位工作人员）职位表》中各职位的报名要求统计所得。

[3] 基于《2025 年浙江省各级机关单位公务员招考计划一览表》中各职位的报名要求统计所得。

其中仅有 104 个岗位要求考生具有大学英语四、六级证书，占比 5%。[①]

（5）应届生身份要求相对宽松。省考中，每个省份对于应届生身份的要求差距较大。比如，2025 年北京市市考共计招录 1893 个岗位，其中有 1187 个岗位仅限 2025 届应届毕业生报名，占比 63%，完全没有处于择业期且未落实工作单位的毕业生可以报考的岗位。[②]

山东省省考对择业期的同学相对比较友好。2025 年山东省省考共计招录 6950 个岗位，其中仅限 2025 届应届生报考的岗位有 230 个，占比 3%；仅限应届毕业生（含 2025 届、2024 届、2023 届）报考的岗位有 1856 个，占比 27%，当年毕业的应届生优势不大。[③]

需要注意的是，以上 5 个方面是我根据大多数省份的招考情况做出的总结，但因为省考是由各省自行确定招考政策，每个省份的招考要求均不相同，想要报考省考的同学一定要提前查询本省政策，获取明确的招考要求。

[①②] 基于《北京市各级机关 2025 年度考试录用公务员职位计划表（普通职位）》中各职位的报名要求统计所得。

[③] 基于《2025 年度山东省省级机关及其直属机构考试录用公务员职位表》中各职位的报名要求统计所得。

第六节

如何报考选调生

前文提到有些同学考公时会"全国巡考",除了国考、省考,还会报考选调生,选调生究竟是怎么回事呢?

选调生是指各组织部门有计划地从高等院校选调品学兼优的应届大学本科及以上毕业生到基层工作,作为党政领导干部后备人选和县级以上党政机关高素质工作人员人选进行重点培养的群体。

简单来讲,选调生是"重点培养的公务员"。它与直接通过国考和省考报考的公务员之间最大的区别是,选调生需要先去基层锻炼至少 2 年,然后调到原报名岗位重点培养。

选调生共分 3 种:中央选调生、定向选调生和普通选调生。这 3 种选调生之间的主要区别是招录单位不同,中央选调生招录的单位基本都是中央部委,定向选调生招录的单位基本都是省级、市级、县级单位,普通选调生招录的单位基本都是乡镇级单位。

接下来,我们分别看一下 3 种选调生招录的具体要求。

1. 中央选调生

中央选调生的招考不对外公布,而是采取内部推荐制,由学校老师推荐符合要求的同学报考。校外同学肯定无法获得推荐，所以只有当年毕业的应届生才能获得报考中央选调生的推荐资格，择业期同学不能报名。

如果考生能通过中央选调生的选拔，再通过基层锻炼，就会被调回中央部委等单位重点培养，发展前景极好。

因为中央选调生从未对外发布过公告，所以关于其招考范围和要求只有一些网传版本，接下来我分享一些通过中央选调生选拔的同学了解到的情况，供大家参考。

中央选调生的招录范围一般为 30 所左右的顶级高校，而我国 985 高校共有 39 所，也就是说还有几所 985 高校没有推荐资格。被推荐的考生必须同时满足 3 个条件：中共党员、学生干部、获得过校级及以上荣誉。推荐报名后，考生仍然需要经过笔试、面试等流程，全部通过方可入选。

对中央选调生感兴趣的同学记得及时咨询学校老师，获取详细的报考要求，早做准备。

2. 定向选调生

不同于中央选调生的神秘，定向选调生招考时会公开发布招考公告，报名流程和考试形式也与其他公务员无异。

这里特别解释一下定向选调生的含义，定向选调生是指某个省份面向有关院校"定向"招录的选调生。

定向选调生的招录院校一般为部分重点高校、重点学科、知名科研院所和省内骨干院校。以河北省为例，2025 年河北省定向选调生招录名单为 46 所重点院校、94 所院校的重点学科、5 所知名科研院所、9 所财经类与政法类院校和 13 所省属骨干本科院校（详见附录 D）。

13 所省属骨干本科院校中的河北中医药大学,在很多地区的老高考模式中都是本科二批次招生,多数人认为其属于二本大学,但其仍然在河北省定向选调生的招考名单中,可见招录定向选调生的范围并不是只限于名校,普通院校的毕业生也有机会。

除了有院校限制,定向选调生还有专业限制,必须符合招录岗位的专业要求才能报名。

具体哪些院校或者哪些专业有资格,各省政策均不相同,有可能会出现某院校在 A 省定向选调生招录名单中,但不在 B 省定向选调生招录名单中的情况,所以大家一定要及时查看自己省份的定向选调生招考公告。

总有人认为报考定向选调生必须是中共党员,其实不然。例如,湖北、甘肃等地的定向选调生只要求是规定院校的应届毕业生,另外也有很多省份只要满足几个条件之一即可报考,如天津市定向选调生只需满足中共党员、学生干部、获得校级及以上荣誉、有参军入伍经历这 4 个条件之一即可报考。

定向选调生通过 2 年及以上的基层工作后,可以调回县级及以上单位重点培养,发展前景好于普通公务员。

3. 普通选调生

普通选调生比定向选调生少了"定向"二字,这就意味着普通选调生没有院校要求。同样都是河北省,定向选调生只针对少部分院校和学科,普通选调生招考时则针对所有统招、大学本科及以上学历的应届毕业生,而且普通选调生招录时大多没有专业限制,这就是我在直播时说所有人都能报考选调生的缘由。

普通选调生招录时,每个省份的政策不同。例如,河北省要求本科学历考生必须同时满足中共党员和担任过一年以上的学生干部两个条件，对硕士研究生学历考生无以上要求；黑龙江省要求考生满足中共党员、担任过一年以上的学生干部、获得过校级以上奖励、有参军入伍经历4个条件之一会优先选调，不符合也可报名。

普通选调生的选调岗位基本都是乡镇级单位及以下，能接受此条件的同学可以报考。

普通选调生的招考范围除了当年毕业的应届生，也包括省内服务基层的项目人员，如参加过"三支一扶"计划、西部计划等的人员。这些人员虽然在公务员系统内工作，但没有行政编制，也可以同当年毕业的应届生一起考取选调生，成为正式的公务员。

绝大多数省份在定向选调生和普通选调生的招考公告中都明确提出：仅限当年毕业的应届生报名，但也有少量省份例外。比如，内蒙古的定向选调生和普通选调生都会招择业期的同学；海南省的定向选调生只招当年毕业的应届生，但普通选调生也会招择业期的同学。

选调生招录择业期同学的省份屈指可数，基本以应届生为主。

以上针对3种选调生的情况进行了总结介绍，除了招录范围和要求与国考、省考差距较大，其他环节基本相同。报名后，考生同样要经过笔试、面试，合格后方可录用。笔试内容是《行测》和《申论》，大家可以自行了解目标省份的招录政策，此处不再赘述。

第七节

考公如何提前准备

整体来讲，报考公务员有两个关键点：一是能报名；二是考得上。也就是说，我们必须先符合公务员的报考条件，再谈如何备考"上岸"，所以如果你想考公，大学期间的规划主要围绕以上两点进行。

之前我们提过"报考岗位时应尽量选择限制条件多的岗位"，因为限制条件越多，能报的人越少，"上岸"的概率就越大，所以为了让自己满足更多岗位的限制条件，大学期间可以从以下两个方面重点规划。

1. 专业

绝大多数同学高考时都会选择服从调剂，难免被调剂到公务员招录要求的冷门专业，这时可以在大学期间争取转专业。各大高校在大一都有转专业的机会，少部分学校大二也有转专业的机会，提前转到公务员招录较多的专业，是对考公助力最有效的方式，报考面大幅提升。

有些同学规划较晚，错过了学校转专业的时间，考虑通过辅修其他专业或者修读第二学位扩大考公报考范围，这种操作在绝大多数公务员考试中是不被允许的，因为很多地区的公务员招考中明确要求以主修专业报考。不过，也有少部分地区允许这样操作，如宁夏回族自治区就允许考生以辅修、第二学历报考。

有些同学并不是辅修，而是双修，两个专业不分先后，都能获得学位证，并且学位证不会标注"辅修"字样，这样的学位认可度比辅修更高，但也有地区规定"双学位者须以第一专业报考"，所以想要双修的同学一定要先看目标考试的报考政策，再决定是否双修。

另外，也有同学通过跨专业考研的方式转专业，选择跨考一个普通院校的考公热门专业，这样做就不必担心本科专业的影响，因为绝大多数公务员职位只看研究生期间的专业，只有少部分会规定本科专业范围。但要注意的是，考公的通过率很低，有些同学为了能考研成功而选择普通院校，万一后续考公未能通过，以普通院校研究生的身份找工作会非常艰难，这个风险一定要提前考虑。

2. 语言证书

英语相关专业的本科生考取英语专业四级证书，小语种专业的本科生考取相应语言的等级证书，其他专业的本科生考取大学英语四级证书；英语专业的研究生考取英语专业八级证书，小语种专业的研究生考取相应语言的等级证书，其他专业的研究生考取大学英语六级证书。以上同学可以报考对语言水平有要求的岗位，竞争压力更小。

生源地、性别等因素无法改变，想要考公，我们可以在大学期间积极入党，重点做好上述规划，可以极大地扩大考公报考范围，提高通过率。

关于公务员的备考，很多人的问题是："报考公务员，是否需要报班备考？"这个因人而异，报班备考一般有以下两个方面的助力。

- 节省时间，方向明确：不用自己多方寻找各种备考资料，只需跟着机构安排的学习内容和学习节奏进行。

- 有一定的监督作用，提高自制力：身边有其他考生同时备考，学习氛围更强；有一定的学习计划，更好地避免了个人散漫学习，可以强化学习效果。

如今市面上关于考公的培训机构良莠不齐，且有很多培训机构的收费较高，大家需要仔细鉴别，以防上当受骗。

不想报班的同学可以在各个渠道上寻找考公免费公开课，跟着公开课的讲解，自己找一些真题多加练习也可以。

安排备考时间时，需要考虑学校课程安排，一般来讲，提前半年左右复习即可。但有些学校在大四上学期课程较多或者安排实习，这样会影响考公复习，为了避免各种意外情况，提前一年开始复习更为稳妥。

提前复习的另一个好处是可以考公和就业两手准备。看过之前的考公录取数据，我们应当知道，考公的通过率很低，绝大多数同学无法成功"上岸"是不争的事实。提前寻找相关实习单位，秋招时适量向一些企业投递简历，如果能进入国家电网、中国烟草等央国企，岗位待遇、稳定性等与公务员均不相上下，也是一条不错的备选路线。

第二章

事业单位（人才引进）

事业单位可以解决事业编制，稳定性很高，也是一个比较好的就业方向。

　　事业单位与公务员单位之间有什么区别？如何报考？报考要求有哪些？在本章中，我会全面梳理事业单位的基本情况和报考要求，帮助大家辨别方向。

第一节

事业单位与公务员单位的区别

很多追求工作稳定的同学觉得考公竞争激烈，而事业单位的招考人数更多，报考难度更低，就会退而求其次选择报考事业单位。常见的事业单位是学校和医院，除了这两个，还有哪些单位属于事业单位？

我按照事业单位所处行业，将常见的事业单位汇总在表 2-1 中，供大家参考。

表 2-1　事业单位类别

类别	单位名称
教育类	幼儿园、小学、中学、中专学校、大专院校、大学、学院、成人高校、成人中专学校、聋哑学校、盲人学校等
科技类	科学院、研究所、社会科学院、科学技术协会等
文化类	歌剧院、话剧院、美术馆、博物馆、考古研究所、文化馆、青少年宫、电视台、广播电台、报社、杂志社、出版社等
卫生类	医院、卫生院、疾病预防控制中心、卫生监督所、血站、计划生育服务中心等
社会福利类	养老院、福利院、孤儿院、疗养院、残疾人康复中心、殡仪馆、公墓等
体育类	体育运动学校、体育训练中心、体育场、游泳馆、全民健身中心、体育彩票管理中心、体育产业发展中心等
交通类	公路管理中心、交通运输综合行政执法支队、邮政业发展中心、港航事业管理中心、交通规划设计院、交通科学研究所等

续表

类别	单位名称
城市公用类	园林绿化管理局、环境卫生管理处、市政管理处、排水监测站、燃气管理中心、环境卫生监测中心、城市运行管理事务中心等
农林牧渔水类	农业技术推广站、种子管理站、植物保护站、土壤肥料工作站、林业技术推广站、林场、自然保护区管理局、水产研究所等
信息咨询类	信息中心、咨询服务中心、价格信息事务所、消费指导咨询服务中心、征信服务中心、计算机应用中心等
中介服务类	人才交流中心、法律援助中心、产权交易中心、职业介绍中心、技术交流中心、公职律师事务所、财政投资评审中心等
勘察设计类	城市规划设计院、建筑设计研究院、水利水电勘测设计研究院、灌溉排水发展中心、交通规划勘察设计院、铁道勘察设计院等
地震测防类	中国地震台网中心、中国地震局地震预测研究所、省地震台、地球物理场观测与研究中心、地震监测预警中心等
海洋类	国家海洋技术中心、国家海洋信息中心、中国地质调查局青岛海洋地质研究所、自然资源部海洋减灾中心、国家海洋环境监测中心等
环境保护类	生态环境部环境发展中心、中国环境科学研究院、生态环境部卫星环境应用中心、环境监测中心等
检验检测类	中国计量科学研究院、中国特种设备检测研究院、国家食品质量安全监督检验中心、中国农业科学院农业质量标准与检测技术研究所、中国环境监测总站等
知识产权类	中国专利信息中心、国家知识产权局商标局、国家知识产权局知识产权检索咨询中心、知识产权保护中心、知识产权公共服务中心等
后勤服务类	学校后勤管理中心、医院后勤服务中心、卫生健康后勤保障机构、科研院所后勤服务部门、文化体育场馆后勤管理中心等
其他类	国家统计局直属调查队、档案局、政府驻外办事处等

要特别说明的是，各地事业单位经过多轮改革，具体情况有很大不同。以出版社为例，人民教育出版社、中国书店出版社等属于事业单位，可以为员工解决事业编制，但人民日报出版社、高等教育出版社等经过改制后目前属于国企，与员工签订劳动合同。

　　表 2-1 只是罗列了常见的事业单位，但并不代表表中的单位都是事业单位，经常会出现同一类单位在 A 省是事业单位，但在 B 省经过改制变成企业的情况，所以大家报名时一定要注意鉴别。

　　另外，有一种情况也可能发生，即我们报名某单位时该单位是事业单位，有事业编制，但工作几年后，因为单位改制，从事业编制变成合同工。比如，2024 年山东省人民政府办公厅印发《关于省属事业单位转制为企业有关问题的处理意见》后，很多事业编制人员转成合同工，涉及面较广。

　　目前，在事业单位的招聘中，对事业单位的分类方式主要有以下两种。

　　一种是按照经费来源进行分类，将事业单位分成全额拨款型、差额拨款型和自收自支型 3 种。其中，全额拨款型事业单位是指该事业单位的支出全部由国家预算拨款，收入也全部上缴国家；差额拨款型事业单位是指该事业单位的支出部分由国家预算拨款，部分由单位通过合法经营和服务收费等方式自筹；自收自支型事业单位是指该事业单位自负盈亏，国家不给予拨款。

　　从稳定性的角度讲，全额拨款型事业单位 > 差额拨款型事业单位 > 自收自支型事业单位。前文提到有些事业单位可能会转为企业经营，这种情况只会涉及自收自支型和少部分差额拨款型事业单位，全额拨款型事业单位人员无须担心。

　　以上 3 种单位的收入水平很难判断。以自收自支型事业单位为例，有些单位的经营业绩很好，员工收入高于其他两种事业单位；但有些单位的经营业绩较差，收入很低，甚至根本无法维持正常运转。不同于全额拨款型事业单位拥有稳定的收入，差额拨款型事业单位人员和自收自支型事业单位人员的收入会受到经营业绩的影响。

　　事业单位的另一种分类方式是将事业单位分为公益一类、公益二类和公益三类。其中，公益一类事业单位承担义务教育、基本医疗服务等基本公益服务，不宜由市场配置资源；公益二类事业单位承担高等教育、非营利性医疗服务等公益服务，可以部分由市场配置资源；公益三类事业单位承担文化出版、广播电视宣传等有一定公益属性的服务，与市场的结合较为紧密。

在目前的事业单位招聘中，主要是公益一类和公益二类的事业单位在招聘，公益三类的事业单位招聘较少，因为公益三类事业单位很多已经或者正在逐步转为企业，通过企业校招进行招聘。

要注意的是，不是所有的公益一类事业单位的经费都是由国家全额拨款。比如，陕西省现代农业科学研究院虽然属于公益一类事业单位，但它的经费来源方式属于差额拨款。

还有一种特殊的事业单位——参公管理事业单位，在职人员虽然属于事业编制，但招录方式和待遇等各方面都和公务员一样，基本等同于公务员，此处不再赘述。

以上是事业单位整体情况介绍，接下来，我们详细对比一下事业单位与公务员单位之间的主要区别。

1. 单位职能

公务员单位与事业单位最大的区别就是各自的职能范围不同。公务员单位主要行使行政管理职能，如税务局可以要求纳税人必须依法履行纳税义务；事业单位侧重于社会服务职能，如学校提供教育教学服务。

2. 编制

公务员属于行政编制；事业单位人员属于事业编制，公益一类和全额拨款型事业单位稳定性高，公益二类和差额拨款型事业单位稳定性次之，公益三类和自收自支型事业单位稳定性较差，甚至有转成企业合同工的风险。

3. 报考难度

事业单位的招聘人数远远多于公务员单位，而且考试次数特别多（后文有详细介绍），它的报考难度远低于公务员单位。

需要特别说明的是，报考事业单位虽然整体上比考公的通过率更高，但从单次报考来看，难度不小。

我们以内蒙古自治区 2025 年事业单位招考为例：2025 年内蒙古自治区共招聘 14 840 人，实际参与考试人数为 24.3 万人，报录比 16∶1。[①]如果你只参加这一次事业单位统考，通过率与省考相差不多。但是，除了这次全区统一的事业单位招聘，内蒙古自治区还有很多事业单位单独发布招聘公告，不参加统考。如果我们把所有能报考的事业单位都报考，就可以大大提高通过率。

可以说，事业单位的高通过率是通过多次参加事业单位考试累积出来的，而参加一次事业单位考试的通过率并没有比考公的通过率高太多。

4. 晋升空间

一般来讲，事业单位的晋升空间比公务员更小，实际上，晋升空间受具体单位的影响很大，不能一概而论。比如，乡镇卫生院等小型事业单位，要想晋升高级职称很难，而 985 高校等大型事业单位，晋升机会多、空间大。

---

① 见今日头条《全国率先！人数新高！内蒙古 2025 年度事业单位公开招聘今日开考》。

第二节

事业单位的报考流程

前文提到，报考公务员只有 3 种方式——国考、省考和选调生，报考路线非常清晰。与公务员单位相比，事业单位的报考并不太统一，为了让大家更好地理解，我在本节只讲常规的事业单位考试，特殊的事业单位考试会在后文详细介绍。

常规的事业单位考试也可以分成 3 大类：联考、统考和单独招考。

事业单位的联考有点类似于考公的联考，是指很多省份的事业单位在同一天组织考试，每年有 2 次，上半年 1 次，下半年 1 次。以 2024 年的考试时间为例，2024 年上半年全国事业单位联考的时间是 2024 年 3 月 30 日，下半年是 2024 年 11 月 2 日。

2024 年上半年全国事业单位联考的参与省份（自治区或市）为辽宁、广西、海南、贵州、上海、云南、黑龙江、江西、重庆、湖北、山西、宁夏、青海、天津、吉林、江苏、陕西、安徽等，下半年全国事业单位联考的参与地区为重庆、青海、新疆、安徽、湖北、辽宁沈阳、云南、黑龙江、四川绵阳、天津、海南、吉林长春、甘肃等。

还有很多省份不参加全国统一时间的联考，而是自行组织省内部分事业单位的"统考"。例如，2024 年山东省事业单位不参加全国联考，而是组织省内统考，省内统考 1 年仅有 1 次，并且不是所有地区都参加，仅有济南章丘区、天桥区、历城区等，聊城东昌府区，菏泽定陶区等部分地区参加统考。

除了参加联考和统考的事业单位，还有很多事业单位单独招考：有人员空缺时直接在自己单位的官方网站上发布招考公告，自己组织笔试、面试。

所以，事业单位招考的实际情况是每天基本都会发布事业单位的招考信息，报考机会多，特别考验考生的信息收集能力。

事业单位的笔试科目一般为《职业能力倾向测验》（以下简称《职测》）和《综合应用能力》（以下简称《综应》），其中《职测》与公务员考试中的《行测》大体相似，《综应》与公务员考试中的《申论》大体相似。

大多数事业单位的笔试虽然都考《职测》和《综应》，但根据岗位方向不同，共分为 5 套试卷：综合管理类（A 类）、社会科学专技类（B 类）、自然科学专技类（C 类）、中小学教师类（D 类）和医疗卫生类（E 类），具体出题方向会根据岗位方向适当调整。

- 综合管理类（A 类）主要适用于以行政性、事务性和业务管理为主的岗位。
- 社会科学专技类（B 类）主要适用于人文社科类专业技术岗位。
- 自然科学专技类（C 类）主要适用于自然科学类专业技术岗位。
- 中小学教师类（D 类）主要适用于中小学和中专等教育机构的教师岗位。
- 医疗卫生类（E 类）主要适用于医疗卫生机构的专业技术岗位。

很多考生同时报名公务员单位与事业单位考试，以考公的复习基础直接参加事业单位考试，最终成功考入事业单位。上述做法供大家参考选用。

想同时备考公务员单位和事业单位的考生要注意：不是所有的事业单位都

考《职测》和《综应》，还有一些事业单位考《公共基础》（以下简称《公基》）和专业知识。例如，2024年河北省省直事业单位招聘考试中，综合类岗位的笔试科目为《职测》和《公基》，税务类岗位中的管理岗 A 笔试科目为《计算机基础知识》和《公基》。[①] 想同时备考公务员单位和事业单位的考生，不要想当然，一定要提前了解考试科目。

了解事业单位考试的组织方式和考试科目后，我们再来梳理事业单位的报考流程。

事业单位的报考流程，按照时间顺序依次是选岗、笔试复习、招考公告发布、网上报名、资格审查、缴费确认、打印准考证、笔试、笔试成绩公布确认进入面试名单、面试、综合成绩公布确认最终录取名单、考察与体检、公示与录用。

它的报考流程与考公基本一致，重复的地方不再赘述。接下来，我将针对事业单位报考的特殊之处给出以下几点提示。

（1）事业单位涉及范围广，涵盖各行各业，绝大多数专业的同学都可以在其中找到可以报考的岗位，除了限制专业的岗位，还有一些不限专业的岗位。即便如此，考生也要提前选好大概的岗位方向再开始复习，因为不同方向的岗位虽然都考《职测》和《综应》，但出题方向有所不同，考生一定要有主要的复习方向，这样通过率更高。例如，某考生已明确主要的目标岗位是教师，那么他就要重点复习事业单位中小学教师类（D 类）的考试内容，顺带考一下其他符合要求的岗位。

（2）事业单位的招考不仅通过笔试和面试考察考生，还非常考验考生的信

---

① 基于《河北省省直事业单位 2024 年公开招聘（统一招聘）工作人员公告》内容所得。

息收集能力。考生在专心备考的同时，也要通过人事考试网、机构公众号等渠道关注目标地区其他事业单位的招考公告。只要遇到符合要求又不错的事业单位，都可以报名，多多考试，可以极大地提高最终通过率。

（3）事业单位的最终成绩会根据考生的笔试成绩和面试成绩按照一定的比例进行计算，这点与公务员考试无异，但面试形式根据岗位方向不同，区别较大。

除了常见的结构化面试、无领导小组面试，有些岗位会采取特殊形式的面试。比如，招聘教师时，面试多采用试讲的形式，要求考生模拟真实的课堂环境进行授课；招聘一些实验技能要求较高的科研岗位人员时，用人单位会要求考生在面试时进行实际的实验操作。考生在收到具体单位的面试通知后，记得先确定该单位采取的面试形式再做准备。

另外，很多事业单位的面试并不像公务员考试那样采用双盲面试，面试现场的面试官能看到考生的个人简历，面试时带有"好学生滤镜"，更倾向于给学历高、毕业于名校、在校表现突出的考生打出更高的分数。

（4）很多考生会同时备考事业单位和公务员单位，这时会出现一种情况：事业单位已经公示录用或者签订三方协议，还想继续备考公务员单位，担心会不会影响公务员单位的报考。答案是绝大多数地区都不影响，我们可以通过拟报考单位的官方公告查看面试前资格审查需提供的资料详情。

第三节

报考事业单位的硬性要求

事业单位发布招考岗位时，往往会限制考生的专业、学历、应届生身份、政治面貌、资格证书、户籍等基础条件，那么事业单位的报考要求与公务员单位相比到底有何区别？

接下来，我们逐一介绍一下事业单位的报考要求。

1. 专业

事业单位绝大多数的岗位都会有专业限制，少数岗位不限专业。

常见的不限专业的岗位有综合管理类，如综合岗、文字综合、文秘、行政事务管理等；社会服务类，如社会工作者、社区事务管理等；教育类，如辅导员、教学辅助、竞赛辅导老师、幼儿园老师、体育老师等；后勤保障类，如后勤管理、物业管理等。

不限专业的岗位多偏向于管理职能方向，对专业知识的要求不高，对沟通等综合素质的要求较高，而且因为这些岗位不限专业，竞争往往较为激烈，通过率较低。

2. 学历

不同于公务员单位招考时对于本科生的照顾，事业单位的招考公告中很少会出现"仅限本科生"报考的岗位，本科及以上能报考的岗位和硕士研究生及以上能报考的岗位数量相差不多。

我们之前提及很多事业单位的面试官在面试时可以看到考生的简历，对学历高的考生带有"好学生滤镜"，所以，对事业单位的招录来说，一般是学历越高，报考优势越大。

3. 应届生身份

不同地区事业单位的招考对应届生身份的要求差距较大。以 2024 年下半年陕西省省属事业单位的招考为例，该公告共计招录 444 个岗位，其中仅限 2024 届毕业生报考的岗位有 8 个，仅限应届毕业生（含 2024 届、2023 届、2022 届）报考的岗位有 8 个。①

我们再来看河北省，2024 年河北省省直事业单位的招考，合计招录 1172 个岗位，其中 536 个岗位仅限高校毕业生报名（含 2024 届、2023 届和 2022 届），占比 46%，没有当年毕业的应届生专属岗位。②

还有的地区比河北省更加照顾应届生，甚至放宽了应届生身份的认定标准。

以往的应届生是指毕业 2 年内没有落实工作的同学，这里有两个关键点：一是毕业时间在 2 年内；二是没有缴纳过社保。

---

① 基于《2024 年下半年陕西省省属事业单位公开招聘工作人员岗位表》中各职位的报名要求统计所得。
② 基于《河北省省直事业单位 2024 年公开招聘（统一招聘）岗位信息表》中各职位的报名要求统计所得。

但是，2024 年湖南省人力资源和社会保障厅发布的《做好事业单位公开招聘高校毕业生工作的若干措施》中写道："'高校毕业生'为近 3 年内毕业、招聘过程中未落实编制内工作的毕业生（即毕业证书落款年度 3 年内，含毕业当年度），不对其是否有工作经历、缴纳社保作限制。"其中，毕业时间放宽至 3 年，也没有提到不能缴纳社保。也就是说，只要是毕业 3 年内，没有进入体制内工作的同学，都视为应届生。

湖南省放开应届生身份并不是个例，上海市人力资源和社会保障局也专门发布了通知，提及只要毕业时间在 2 年内，不论是否缴纳社保，都应该按照应届生对待。[①]

因为事业单位的招聘非常零散，以上个例不能代表所有单位，肯定存在部分地区应届生专属岗位比上述数据多或少的情况。具体政策，考生一定要去查询当地事业单位的招考公告。

事业单位招考要求中对年龄的限制和公务员单位类似，一般要求 18 ~ 35 周岁，少数岗位硕士可放宽至 40 周岁，博士可放宽至 45 周岁。

4. 政治面貌

整体来说，事业单位中仅有少数岗位要求考生必须为中共党员，主要为党建、人事、宣传、辅导员、纪检监察等岗位。

5. 资格证书

绝大多数事业单位对考生的英语能力没有要求，只有极少数涉外或翻译岗

---

① 详见《上海市人力资源和社会保障局等五部门关于优化调整高校毕业生参加本市招考（聘）工作有关事项的通知》（沪人社就〔2024〕309 号）。

位要求考生须取得大学英语四、六级证书。

相比于英语证书，事业单位对考生专业相关证书的要求更高，如教师岗位应具有教师资格证书；医疗卫生相关岗位应具有医师资格证书；法律相关岗位应具有法律职业资格证书等。

6. 户籍

绝大多数事业单位的岗位对于考生的户籍没有要求，只有极少数地区基于岗位工作性质（如外地考生可能很难适应）、地方政策（如照顾当地考生）等因素会有户籍限制。

以上为事业单位的 6 个主要招考要求。

需要特别说明的是，事业单位的招考公告由各单位自行拟定，所以招考要求也因单位不同而不同。以上总结的招考要求仅供大家参考，有目标单位的考生一定要提前查询招考公告，确认符合招考要求后，再开始备考。

第四节

人才引进及其要求

我们经常听说：人才引进待遇好、免笔试、发展空间大，有的岗位本科学历即可报考……诸多优点让很多考生跃跃欲试，但什么是人才引进呢？

人才引进是一个地区、组织或企业等从外部吸引和招募具有特定技能、知识、经验或其他优势的人才，以满足自身发展的需求。

为了帮助大家更好地理解，我从上面这个定义中拆分出两个关键点加以详细解释。

1. 谁来引进人才

常见的人才引进单位有 3 种——公务员单位、企业和事业单位。其中，公务员单位极少有人才引进，即使真的有公务员单位的人才引进，入职后也只能解决事业编制，因为现在的公务员单位基本都是"逢进必考"，即所有进入公务员单位的人都要参加统一的笔试、面试，合格后才能解决行政编制。

很多公务员单位所谓的"人才引进"基本都是招录选调生。相比普通公务员的招考，选调生只是招考要求高了一些，但仍要经过笔试、面试等正规招录流程，与传统意义上的人才引进并不相同。

企业的人才引进等同于高层次人才的招聘，应聘者需要通过正常的简历投递、面试等流程才能进入企业任职，待遇比一般岗位更好，但招录流程和渠道与校招区别不大，无须特别关注。

现在大家所说的人才引进基本上是指事业单位的人才引进，很多事业单位会单独发布人才引进公告，在招录流程、入职待遇等方面给予特殊照顾，以招揽人才。

所以，我们可以把人才引进理解为事业单位的一种特殊招录渠道，应聘成功的考生绝大多数会进入事业单位工作。

2. 引进什么人才

人才引进单位希望引进的是"人才"，所以报名要求一般较高。我罗列了一些常见的人才引进要求，供大家参考。

- 学历：绝大多数单位对应聘者学历的最低要求是硕士及以上，很多都要求应聘者拥有博士学历，少数县城等不发达地区的单位将学历要求放宽至本科学历。
- 专业：与单位所需专业领域高度匹配。
- 工作能力：一般要求应聘者有突出的工作成果，如参与过重大项目、发表过高水平论文、获得过重大奖项、拥有专利等；或者要求应聘者拥有丰富的工作经验、具有相应的专业资质证书等。

了解完人才引进的单位和要求后，我们来分析一下大家最关心的人才引进优势。人才引进与普通事业单位招考之间的区别主要表现在以下5个方面。

（1）人才引进的要求较高，符合条件的应聘者很少。如果我们能满足某单位的人才引进要求，那么我们面临的竞争压力将更小，通过率将更高。

（2）人才引进一般没有笔试，报名审核通过后，只需参与一轮面试，通过即可获得入职机会。

（3）大多数事业单位对于通过人才引进招聘的人才都能解决事业编制，但也有部分事业单位采用聘用制，与入职人员签订一定期限的聘用合同。

比如，很多高校会采用一种叫作"非升即走"的人事制度，简单来讲，就是高校在引进人才时，会给予应聘者一个固定期限的预聘期（一般为 6 年）。预聘期内，如果该人才能完成学校要求的各项考核指标（如发表一定数量的高水平论文、获得科研项目资助等），校方则会与该人才签订长期聘用合同或者为其解决事业编制；如果不能达到上述要求，那么校方就有可能不再续聘该人才，即"走"。

还有极少数地区的被引进人才可以从事业编制直接转为行政编制。比如，青岛发布的"青选计划"公告中提道："对表现优秀、符合条件的，可通过择优调任等方式进入公务员队伍。"[1]

（4）部分单位人才引进的岗位定级更高，使得其岗位工资高于通过普通招考渠道进入的应聘者，而且人才引进一般有其他额外待遇，常见的有：提供一定金额的安家费和科研启动资金，免费安排周转房或者每月享受租房补助，给予买房优惠，每月发放人才津贴等。

以湖北民族大学发布的《生物与食品工程学院 2025 年人才招聘引进计划》中给出的引进待遇为例，被引进人才可以获得：①安家费 20 万 ~ 60 万元（根据科研成果完成情况选择决定）；②科研启动资金 10 万 ~ 15 万元；③两年内免费安排周转房 1 套（或每月享受租房补助 1500 元）；④发放博士津贴每月1000 元；⑤博士学习期间或近 5 年工作期间科研成果突出者，学校考虑以劳

---

[1] 详见《青岛市 2025 年"青选计划"公告》。

务派遣方式解决其配偶的工作问题。

这里要特别注意的是，很多单位人才引进的安家费不是一次性发放的，有可能会分年度发放，每年发放一定比例；也有单位的安家费在被引进人才完成单位的考核指标后才能发放。另外，人才引进一般会有3～10年不等的服务期，服务期内如果离职，很多地区会要求被引进人才返还安家费。

（5）人才引进一般能为被引进人才解决其子女的教育问题，可就近安排入学；少数单位甚至能解决其配偶的工作问题，直接为其配偶安排工作，但一般不能为其配偶解决编制。

综上所述，人才引进的各项政策确实诱人，硕士及以上学历的考生可以关注一下各单位的人才引进公告，但不宜将人才引进作为主要的求职方向，原因有二：一是人才引进的招聘机会较少；二是招聘要求高，符合条件较难。

第五节

什么是"三支一扶"计划

在"考公热"的当下，很多人听说通过"三支一扶"计划报考公务员的竞争压力更小，更好通过，但考完才发现情况并非如此，"三支一扶"计划的竞争也很激烈。

网上关于"三支一扶"计划的资料较少，大家无从查找。接下来，我会根据官方公告从 3 个方面详细介绍"三支一扶"计划的招考情况，帮助大家认清"三支一扶"计划的"庐山真面目"。

1. "三支一扶"计划的内涵

"三支一扶"，即支教、支农、支医和帮扶乡村振兴，是国家引导鼓励高校毕业生到基层工作的示范项目。

2024 年中央财政支持招募的"三支一扶"人员数量为 34 430 名[①]，除此之外，每个省份还会根据实际需要扩大招募规模。以河南省为例，2024 年共招募高校毕业生"三支一扶"人员 2779 名。其中，中央计划 1650 名，河南省

---

① 基于《人力资源社会保障部办公厅 财政部办公厅关于做好 2024 年高校毕业生"三支一扶"计划实施工作的通知》内容所得。

根据自身实际情况又增加了省级计划 1129 名。[①] 全国"三支一扶"计划的招聘人数显著多于国考人数。

"三支一扶"计划的岗位基本都在乡镇等基层单位。服务期为 2 年，服务期内签订服务协议，不解决行政编制或事业编制。

服务期内，相关人员会获得一次性安家费 3000 元，另外每月有补助。其中，中央财政发放的补助标准是东部地区 1.2 万元 /（人·年）、中部地区 2.4 万元 /（人·年）、西部地区 3 万元 /（人·年）[西藏、新疆南疆四地州 4 万元 /（人·年）]。另外，地方财政也会参照当地乡镇机关或事业单位聘用人员的工资水平进行补助，单位还会提供食宿保障，一般会缴纳三险（基本养老保险、基本医疗保险、工伤保险），但这类岗位毕竟身处基层，整体来说待遇不高。

"三支一扶"计划以往的知名度低，报考人数少，考试通过相对容易，正是这一特点，逐渐吸引了大量考生报考，使得"三支一扶"计划的报考热度越来越高。

2023 年，全国共有 115 万人报考"三支一扶"计划，平均考录比达到 26.3：1[②]，2024 年的数据还未公布。以我目前了解到的湖南省衡阳市为例，2024 年衡阳市计划招募 36 名"三支一扶"人员，共有 4404 名高校毕业生报名参加笔试，平均考录比 122：1[③]，其他地区报考人数不同，但整体来说，考试通过难度较高。

[①] 基于《河南省 2024 年高校毕业生"三支一扶"计划招募公告》中各职位的报名要求统计所得。
[②] 参见中华人民共和国中央人民政府网《解读 2024 年高校毕业生"三支一扶"计划》。
[③] 参见衡阳日报《衡阳"三支一扶"考录比创新高》。

2."三支一扶"计划的扶持政策

"三支一扶"计划明明是去基层工作,为什么报考热度如此之高?我们从"三支一扶"计划最有吸引力的三大扶持政策中可以找到答案。

(1)有可能转为事业编制。"三支一扶"服务期满后不再续聘,愿意继续留在服务单位的人员,在单位编制限额内,一般可以转为事业编制,而且不再设置试用期,这也是我将"三支一扶"计划放在事业单位板块介绍的原因。

需要特别注意的是,单位必须有编制空缺才能将相关人员转为事业编制,有可能出现有些地区编制紧张,服务期满后短时间不能解决事业编制的情况。

(2)报考国考、省考更易"上岸"。每年的国考和省考都会有一些岗位要求报考者具有基层工作经历。以2025年国考为例:2025年国考共计招录20 810个岗位,其中1729个岗位只有参加过"三支一扶"计划、西部计划等服务基层人员可以报考。[①]

(3)考研加分。"三支一扶"服务期满后的3年内报考硕士研究生的,初试总分加10分,同等情况下优先录取。

对于已被录取为研究生的应届高校毕业生参加"三支一扶"计划的,学校应为其保留入学资格。简单来讲,就是既考上了研究生又考上了"三支一扶"计划的同学,可以在保留入学资格的情况下,先去参加"三支一扶"计划,结束后再读研究生。

特别强调的是,"三支一扶"人员要想享受以上3项政策,有两个前提:①服务期满;②考核合格。如果提前辞职或者最后考核没有通过,"三支一扶"人员则不能享受相关的政策优待。

[①] 基于《中央机关及其直属机构2025年度考试录用公务员招考简章》中各职位的报名要求统计所得。

3. 报考"三支一扶"计划的要求

"三支一扶"计划的考试时间一般为每年的 3—7 月，报考流程与考公没有太大差别，都需要经过报名、笔试、面试等环节的考核，通过后方可入选。但笔试内容有可能不同，如河南省"三支一扶"计划笔试考试科目为《公共基础知识》，不考《行测》和《申论》。[①]

在报考要求方面，"三支一扶"计划和考公区别较大，"三支一扶"计划的招考对象主要为当年毕业的应届毕业生和择业期内未落实工作的同学，大专学历起报，社会人士不能报考。

支医、水利等专业要求较高的岗位要求报考者须为相关专业，支教、支农、扶贫等岗位对报考者没有专业限制，但支教岗位要求报考者必须取得教师资格证书。

有些地区对考生的户籍没有限制，但有不少地区要求考生必须为本地生源或者本地高校毕业生。

以上是对"三支一扶"计划招考情况的整体介绍，要注意的是，"三支一扶"计划的招考公告和要求由各个省份自行确定，如果大家想报考相应岗位，一定要提前查询目标省份的报考政策，明确后再做准备。

---

① 参见河南人事考试信息网《河南省 2024 年高校毕业生"三支一扶"计划招募公告》。

第六节

什么是西部计划

与"三支一扶"计划很类似的另一个基层服务项目叫作"西部计划"。关于西部计划，大家问我最多的一个问题是：所有的西部计划志愿者都要去西部吗？

答案是否定的，西部计划不只有西部地区招募，2024—2025年有西部计划名额的省级行政单位一共有24个，分别是河北、山西、内蒙古、吉林、黑龙江、江苏、安徽、福建、江西、山东、河南、湖北、湖南、广东、广西、海南、重庆、四川、贵州、云南、陕西、青海、宁夏、新疆及生产建设兵团。可以说，大多数省份都有西部计划的名额。[①]

为了让大家更好地了解西部计划，我将从以下3个方面详细介绍西部计划的招考情况。

1. 西部计划的内涵

西部计划的全称为"大学生志愿服务西部计划"，是由共青团中央、教育部、财政部、人力资源社会保障部共同组织实施的一项重大人才工程，主要目

---

① 详见《关于印发〈2024—2025年度大学生志愿服务西部计划实施方案〉的通知》（中青联发〔2024〕2号）。

的是鼓励高校毕业生到西部基层从事志愿服务，以此促进西部地区的经济社会发展，加强人才队伍建设。

2024—2025 年西部计划志愿者加上研究生支教团志愿者一共 3 万人，服务期为 1 ~ 3 年，服务协议一年签一次，服务期内没有编制。

服务期内，西部计划志愿者每月会获得相应的补助。其中，中央财政按照西部地区 3 万元 /（人·年）[新疆南疆四地州、西藏 4 万元 /（人·年）]、中部地区 2.4 万元 /（人·年）的标准给予补助，地方财政也会适当给予补助。另外，对于在艰苦边远地区服务的志愿者还会提供艰苦边远地区津贴，单位还会提供食宿保障和社会保险，整体来说，待遇不高。

2. 西部计划的扶持政策

（1）报考国考、省考更易通过。每年的国考和省考都会有一些岗位要求报考者具有基层工作经历。以 2025 年国考为例，2025 年国考共计招录 20 810 个岗位，其中 1679 个岗位只有西部计划等服务基层人员可以报考[①]，与"三支一扶"人员能报的岗位数量相差不多。

（2）考研加分。西部计划志愿者服务 2 年以上且考核合格的，服务期满后的 3 年内报考硕士研究生的，初试总分加 10 分，同等情况下优先录取。

（3）学费补偿和助学贷款代偿。简单来说，学费补偿就是返还大学四年的学费；助学贷款代偿就是在大学期间申请助学贷款的同学毕业后不用还贷款，由国家代为偿还。参与西部计划的志愿者可以在学费补偿和助学贷款代偿这两种方式中选择一种获得资助。

---

① 基于《中央机关及其直属机构 2025 年度考试录用公务员招考简章》中各职位的报名要求统计所得。

3. 报考西部计划的要求

"三支一扶"计划的招考公告一般由各省发布并单独组织报名，西部计划是各位考生统一在微信公众号"西部志愿汇"或登录西部计划官网自行报名，报名时间一般在 5 月中旬，报名时可以选择 3 个意向服务省份；报名后没有笔试，通过学校审核和心理测试的同学都可以参加省项目办组织的集中面试，面试通过后进行体检，体检结果正常的报考者被公示录取。

西部计划报名的硬性要求基本只有 1 个——必须是当年毕业的应届生或者在读的研究生，择业期的同学不能报考。除了该要求，对于户籍地、政治面貌、专业等条件均无限制。

以上是关于西部计划的详细介绍，有志于服务基层的同学记得提前关注官方报名渠道，及时报名。

第七节

报考事业单位如何提前准备

想考事业单位的考生也可以像准备考公一样，积极争取入党，考取大学英语四、六级证书，拥有这些条件对于考入事业单位会有一定的帮助，有可能会扩大报考面。

上述这些并不是主要因素，因为事业单位的大多数岗位除了对专业和学历要求较严格，对其他硬性条件要求很宽泛，即使拥有大学英语四、六级证书和中共党员身份，也不会增加多大的报考优势。

要论述备考事业单位的关键，则要从报考事业单位与公务员的区别谈起。

前文讲过，事业单位和考公的报名区别不大，符合条件者均可报名，报名成功即可参加笔试。笔试的区别也不大，都是择优录用。但是，事业单位的面试与考公的区别很大：公务员的面试是双盲面试，面试官并不知道考生的个人情况，在事业单位的面试中，虽然也有非常正规的双盲面试，但也有很多事业单位的面试官可以看到考生的简历。在这种面试中，"稳定"的"好学生"一定会备受青睐。

"稳定"是什么意思呢？比如，有一个天津的事业单位正在招聘，它一般会更喜欢家在天津或者家不在天津但是在天津上大学的考生，因为这些考生有留在天津的理由。如果有位考生的家乡不在天津，学校也不在天津，报考了天津的事业单位，事业单位的招考老师就会犹豫：这位考生是真的想来，还是随便报考的？我给他发了录用意向书，他会接受吗？接受后，一旦被家乡的岗位录取，他会不会又毁约呢？

很多事业单位和企业在招聘时都更喜欢本地或者学校所在地的考生，因为他们"稳定"。

以上举例只是为了向大家说明"稳定"的意思，但家乡所在地和学校所在地是很难改变的，考生如何通过大学期间其他方面的规划向用人单位证明自己"稳定"呢？

答案是相关经历。例如，两位考生都想当老师，一位考生的简历中有 3 段在教育培训机构实习的经历；另一位考生的简历中有从事销售工作、创业的经历，还有在银行的实习经历，如果你是招考老师，你觉得谁会更稳定？

一定是那位有教师相关实习经历的考生，如果我是学校的招考老师，我会觉得这位考生实习了这么多次，可以更快地适应教师岗位，更好地与学生相处。相比于那位完全没有教师相关经历的考生，我认为那位有教师实习经历的考生，大概率会更稳定和更快地适应新工作。

所以，想考事业单位的同学，可以提前了解自己能报考的单位和岗位，提前实习。这样做，一方面可以锻炼自己的工作技能和沟通能力；另一方面也可以向单位证明自己报考这个岗位的诚意。

事业单位喜欢什么样的"好学生"？

（1）不挂科，学习成绩好。很多单位在报名时会要求考生提交成绩单，挂科的考生很容易被淘汰。当然，不挂科是一个基础要求，如果成绩排名前列，获得一些奖学金，就是加分项了。

（2）获得一些荣誉或奖项。比如，有些考生在大学期间会获得"优秀学生干部""三好学生"等荣誉称号，有些考生会参加大学生英语大赛、大学生创新创业大赛等比赛，并获得国家级、省级、校级等各种级别的奖项。

（3）担任学生干部。无论在班级、学生会、社团，还是在其他各种学生组织担任学生干部，都会加分。

（4）拥有某项技能，如精通 Office 办公软件、写出高阅读量的文章等。

除了上述这些，还有发表论文、参与重大科研项目、参与教科书的修订等可以"证明"我们是个好学生。但是，我们不可能所有事情都做，所以可以根据自己想应聘岗位的要求和擅长的方向，提前规划。

第三章

教师

我国各级各类教师共有 1892 万[①]，在事业单位中的占比很大，而且教师的社会地位高、福利待遇好、工作稳定，是很多想考事业单位的同学都会重点考虑的就业方向。

　　在本章中，我会针对事业单位中教师编制的招考情况进行详细介绍，想当老师的同学可以重点关注。

---

① 参见人民日报《我国各级各类教师共有 1891.8 万人 以教育家精神引领教师队伍建设》。

第一节

3 种教师编制，哪种属于正式编制

随着事业单位的改革，教师招考中出现了事业编制、合同制、备案制、劳务派遣等各种各样的叫法，到底哪种属于正式编制？

按照入职时签订的合同类型，我将教师的编制分为以下 3 种。

1. 签订聘用合同

很多单位在招聘公告中会写明招聘的是"事业编制教师"，或者写明入职后签订"聘用合同"，聘用期限一般不低于 3 年，这两种情况一般都属于正式的事业编制，会录入编制实名制管理系统，受到《事业单位人事管理条例》的约束。

有考生担心如果只签订了 3 年的聘用合同，到期后不续聘，怎么办？《事业单位人事管理条例》第十六条规定："事业单位工作人员年度考核不合格且不同意调整工作岗位，或者连续两年年度考核不合格的，事业单位提前 30 日书面通知，可以解除聘用合同。"实际上，绝大多数事业编制人员在聘用合同到期后都可以续聘。

虽然事业编制教师没有公务员那么稳定，但整体来说，稳定性很高，除非特殊情况，一般不会裁员。

2. 与用人单位直接签订劳动合同

有些单位在招聘教师时会注明招聘的是"编外教师""临聘教师""代课教师""聘用制教师""合同制教师""备案制教师"等，这些教师是否有事业编制呢？

对以上内容分辨不清的考生只需要看一点：与用人单位签订的是劳动合同还是聘用合同，只要签订劳动合同，就属于企业化用工，没有事业编制。刚刚提到的这些教师类型，基本都是签订劳动合同，不能解决事业编制。

其中备案制教师，虽然签订劳动合同，没有事业编制，但会报上级部门备案，需要遵循相关部门的规定，不会随意变动岗位，稳定性比普通的合同制老师更高一些。

另外，临聘教师和代课教师的情况相似，一般是因为学校有老师休产假、病假等，需要临时招聘教师填补岗位空缺，稳定性较差。

3. 与第三方公司签订劳动合同

我们有时会看到某学校招聘的是"劳务派遣教师"，这又是什么意思呢？

劳务派遣教师和合同制教师虽然签订的都是劳动合同，但是签订的主体不同。

合同制教师是应聘者直接与用人单位签订劳动合同，虽然没有事业编制，但属于学校的正式员工；劳务派遣教师则是应聘者与第三方劳务派遣公司签订劳动合同，再由第三方劳务派遣公司派遣到学校担任老师，劳动关系属于第三方劳务派遣公司，除了在学校工作，与学校没有任何关系，不属于学校的正式员工。

劳务派遣教师的稳定性比合同制教师更低，如果出现裁员情况，一般会被第一时间裁员。

事业单位教师的招考情况比较复杂，虽然我们可以通过签订的合同类型、合同主体初步判断是否可以解决编制，但最可靠的方法还是打电话询问，一般在事业单位的公告中都会写明咨询电话，直接打电话询问是否有编制可以得到更加准确的答案。

目前的教师招考中，能够解决事业编制的招考竞争非常激烈，不能解决编制的招考竞争压力较小，甚至出现过无编制教师招考无人报名的情况。比如，2024年厦门市翔安区教育局在招聘参聘制教师（待遇参照事业单位在编人员，但不解决编制）时，几十个教师岗位因为报名人数过少，临时取消或减少了原定招聘人数。[1]

即使能解决事业编制，也不代表我们可以高枕无忧，原来的事业编制有可能会突然变成"合同制"。

以天津市西青区为例，其在2024年6月发布了《西青区中小学教师聘期管理实施方案（试行）》，其中提到在编教师全面实行聘用制，聘期3年，每年进行年度考核，聘期结束后进行期末考核，考核通过可以续聘或岗位晋升，考核不通过，合同期满一般不再续聘。

在新生人口减少、教师编制改革的情况下，很多人对教师编制持悲观态度，但我认为只要应聘市区学校、重点学校等生源较好的学校，而且做好教师的本职工作，教师的稳定性还是很高的，不必过度担心。

---

[1] 参见新京报《教师招聘多岗位无人报考，没编制就没吸引力？》。

第二节

报考教师编制的硬性要求

教师编制属于事业编制的一种，报考流程和之前提到的公务员单位、事业单位区别不大，都是需要经过报名、笔试、面试等环节的考核，考核通过后方可录用。关于教师编制的报考流程，此处不再赘述。

教师编制的报考要求和其他事业编制有明显的不同，主要体现在以下4点。

1. 必须具备教师资格证书

报名教师编制时，考生需要取得相应学科的教师资格证书，有些考生因为各种原因没有考取证书，此时可以在没有教师资格证书的情况下，先报名参加教师编制考试，若被录用，保证在入职前取得相应学科的教师资格证书即可。

比如2025年6月毕业的A考生，即使没有考取相应学科的教师资格证书，仍然可以在2024年12月参加教师编制考试，笔试与面试通过后也可以收到录用意向书，签订三方协议，但需要在2025年7月或8月（约定的入职时间）之前考取相应学科的教师资格证书，否则三方协议作废。

当然，保险起见，考生应尽量在报考教师编制之前考取教师资格证书，不要等到大四、研三考教师编制时再临时去考教师资格证书。

关于教师资格证书的考试情况，在本书第八章有更详细的介绍，此处不再赘述。

2. 大多数学校有专业限制

关于教师专业限制的第一个传言是报考教师编制的考生必须是师范类专业。实际情况是，绝大多数学校都不要求必须为师范类专业。

关于教师专业限制的第二个传言是不管学的什么专业都可以报考教师编制。

很多考生在大学期间都会考取教师资格证书，希望未来可以从事教师工作，实际情况是大部分考生都未能如愿。这是因为各地学校在招聘教师时往往会限制专业，如数学老师仅限数学类、统计学类专业的考生报考，语文老师仅限中国语言文学类专业的考生报考。

绝大多数学校在招聘时都有专业限制，仅有少数郊区或县城及以下的学校对专业限制较少，财务管理、机械、电子商务等非学科相关专业的考生，即使已经考取了相应学科的教师资格证书，但因专业不符合，报考机会很少。

艺术类、计算机类等学科教师招聘较少的，以及与主流学科不符的专业的考生不要只考虑教师编制，一定要配合其他就业方向同时准备。

3. 学历要求越来越高

目前高中教师的招考中，基本都要求应聘者的学历必须为硕士研究生学历及以上；中学、小学教师的学历要求为本科及以上，但在实际招考中，用人单位越来越倾向于高学历的应聘者。

在市内学校、重点学校等热门学校，小学教师的招聘也基本上是硕士研究生学历起报，本科生的机会大多在市级郊区学校和县级学校。

4. 其他要求

关于报考教师的年龄，一般本科生不超过 30 周岁，硕士研究生不超过 35 周岁即可报考。

另外，语文老师均要求具有普通话二级甲等及以上证书，少部分地区的英语教师要求具有英语专业八级证书、雅思考试 7.0 及以上或者托福考试 95 分及以上。

除了上述 4 个要求，教师编制招考中对于政治面貌、大学英语四级与六级证书、户籍等条件基本没有要求，但有些学校在招考条件中会要求考生的学习成绩排名前列、获得校级奖学金或荣誉奖项等，所以"好学生"备受青睐。

还有很多考生关心应届生身份报考教师编制是否更有优势，实际情况是教师编制招考中会有专门针对应届生进行的招聘，但也有专门针对有经验的教师进行的招聘。整体来说，应届生报考和社会人士报考区别不大。实在不能考取正式编制的考生，也可以先以合同制或临聘教师的身份任教，后续慢慢报考正式教师编制。

第三节

什么是特岗教师

在教师编制的招考中，有一种教师编制的竞争压力更小、更好通过，它就是特岗教师。

关于特岗教师，大家对它的误会很深，很多人从字面意思理解，认为特岗教师是专门从事自闭症、残障人士等特殊教育的教师，其实不然。

特岗教师全称为"农村义务教育阶段学校特设岗位教师"，其中有 3 点值得重点关注：①农村，特岗教师的任教学校基本都在农村或乡镇，极少数在县城；②义务教育阶段，特岗教师主要招募小学教师和初中教师，极少数会涉及幼儿园和高中；③特岗教师是中央为扶持农村义务教育特别设置的岗位，而不是特殊教育岗位。

2024 年，中央计划全国招聘特岗教师 37 000 名[①]，覆盖 22 个地区，各地岗位数量如表 3–1 所示。

表 3–1 2024 年"特岗计划"各地设岗名额分配表

省（区、市、兵团）	设岗数量（个）	省（区、市、兵团）	设岗数量（个）
河北省	2300	海南省	600

---

① 基于《关于做好 2024 年农村义务教育阶段学校教师特设岗位计划实施工作的通知》（教师厅〔2024〕1 号）中的数据所得。

续表

省（区、市、兵团）	设岗数量（个）	省（区、市、兵团）	设岗数量（个）
山西省	800	重庆市	60
内蒙古自治区	160	四川省	600
吉林省	1200	贵州省	5300
黑龙江省	600	云南省	3300
安徽省	680	陕西省	2650
江西省	1000	甘肃省	5000
河南省	2195	青海省	160
湖北省	2100	宁夏回族自治区	35
湖南省	80	新疆维吾尔自治区	3600
广西壮族自治区	3900	新疆生产建设兵团	680
总计	37 000 个		

资料来源：中华人民共和国教育部官网。

除了上述中央特岗计划，各地区还会根据地区实际需要，增设地方特岗计划，增加特岗教师的招聘数量。以山西省为例，2024 年山西省的中央特岗计划有 800 个名额，省特岗计划有 1000 个名额，累计招聘特岗教师 1800 名。[①]

特岗教师有 3 年的服务期，服务期内没有编制，由中央财政给予工资性补助，补助标准为中部地区 3.88 万元 /（人·年），西部地区 4.18 万元 /（人·年），另外地方财政有可能会提供一部分补助。整体来说，特岗教师的工资待遇会略低于当地正式编制的老师，但会正常缴纳五险一金。

服务期满后，考核合格且愿意留任的特岗教师可以直接转为正式编制，享

---

① 详见《山西省 2024 年特岗教师招聘公告》。

受正常事业编制待遇，连续计算工龄和教龄，不再设置试用期。但要注意的是，特岗教师转为正式编制时多转为县城及以下学校的教师，有相当一部分教师会留在原来服务的基层学校，不会转到市内或发达地区担任教师。

服务期满、考核合格但不愿意留任的教师可以像之前提到的"三支一扶"计划、西部计划等基层项目人员一样，在国考和省考中报考要求有基层工作经历的岗位，更容易通过，或者享受 3 年内考研初试总分加 10 分，同等条件下优先录取的照顾政策。

以前的特岗教师招聘人数多、报名人数少，比普通的教师编制更好通过；最近几年，随着招聘人数的大幅减少和报考人数的增加，特岗教师的通过难度逐年上升。以四川省为例，2024 年四川省招聘特岗教师 609 人，报考 2.1 万人，报录比为 34.5∶1①，报考难度不低，所以备考特岗教师的考生不可掉以轻心。

特岗教师的招聘流程、考试内容和普通教师编制招考基本相似，但报考要求与普通教师编制有较大区别，主要要求如下所述。

- 学历：本科及以上学历或师范类专业的大专学历均可报名。其中，应聘初中教师的考生必须为本科及以上学历，应聘小学教师的考生专科和本科学历均可。
- 毕业时间：应届生、往届生均可报考，一般要求年龄不超过 30 周岁。
- 证书：入职前取得相应学科的教师资格证书。
- 户籍：特岗计划招聘的学校均为基层学校，条件较差，倾向于招聘本县户籍的考生或本县生源的考生，稳定性更高。

---

① 参见四川新闻网《四川今年计划招聘特岗教师 609 人　2.1 万人报考》。

- 特殊照顾：参加过西部计划、"三支一扶"计划有从教经历的志愿者，半年以上实习支教的师范院校毕业生，在校大学生士兵退役复学毕业生和全日制硕士及以上研究生，同等条件下优先录取。

特岗教师的主要优势是不限专业，师范类专科生也可以报考，但工作环境相对艰苦，有报考意愿的同学记得在本科大四下学期、专科大三下学期及研三下学期关注报考信息。

第四节

报考教师编制如何提前准备

提到教师这份工作，很多人想到的都是寒暑假带薪休假、上完课就走，总认为教师的工作轻松，很多同学只看到教师的表面光鲜，并不知道教师工作的辛苦程度，抱着希望报考，但很快又带着失望离开。

关于考取教师编制的规划准备，我认为最需要提前做准备的是正确认识教师岗位的工作内容。

教师确实会在寒暑假带薪休假，但真实的休假时间要比寒暑假短，寒暑假期间往往还会有学校安排的培训课程、家访、招生工作；教师的主要任务是上课，但除了上课，还要提前备课、批改作业、参加教研活动和处理学校的行政工作，日常事务繁多。

我建议大家在报考教师岗位之前，先去找从事相关工作的亲戚、朋友了解教师的实际工作情况，很多学校和教育培训机构也会招聘实习生，可以在上学期间，以实习生的身份体验教师角色，尽量客观看待、理性报考。

明确想要报考教师编制的同学，在大学期间要做好以下 3 个方面的准备工作。

1. 提前考取教师资格证书

教师资格证书的考试通知由教育部教育考试院统一发布，笔试时间全国统一。以 2025 年为例，上半年笔试时间为 3 月 8 日，下半年笔试时间为 9 月 13 日 [1]，一般提前两个月开始报名。

想要当老师的同学，在本科大三上学期、专科大二上学期及研一上学期的 7 月即可开始报名参加教师资格证书考试，如果笔试一次性通过，12 月即可参加面试，面试通过后进行教师资格认定，预计在下一年的 6—7 月取得教师资格证书。

2. 争取做个"好学生"

虽然我们不能仅仅通过获得荣誉的数量判断考生的能力，但在用人单位不了解考生真实水平的情况下，奖项和荣誉就是最好的个人能力名片。

前文在介绍如何报考事业单位时提及，很多事业单位在面试过程中可以看到求职者的简历，在这种情况下，成绩优异的求职者备受青睐。教师编制也是事业编制的一种，很多学校在面试时可以看到求职者的简历，所以求职者在简历中多展示一些荣誉证书，会大有帮助。

常见的荣誉分为 3 种：第一种是奖学金，评判的标准主要是学习成绩名列前茅；第二种是荣誉称号，如三好学生、优秀干部等；第三种是比赛奖项，大学期间有很多比赛，如果求职者能够拿到校级、省级甚至国家级奖项，也可以证明自己的能力出众。

---

[1] 详见人力资源和社会保障部办公厅于 2025 年 1 月 3 日印发的《2025 年度专业技术人员职业资格考试工作计划》。

提前了解学校各种荣誉的评分标准，多多争取，会对应聘教师编制大有帮助。

3. 提前寻找相关实习岗位

师范类院校一般会安排学生去学校实习，而非师范类院校即使安排实习，也往往不会安排到学校任教。想报考教师编制的同学，不管是否毕业于师范类院校，我都建议大家提前去找教师相关岗位实习，不要等学校安排。这是因为：一方面，我们可以通过实习了解教师的工作情况，明确自己对教师工作是否感兴趣，提前试错；另一方面，更多的实习经历也意味着更大的竞争力，可以让我们在一众同学中脱颖而出。

大一的同学可以先从要求较低的家教或者线上 1 对 1 辅导老师开始做起，等到大二、大三再去教育培训机构或者学校担任实习教师，承担大班授课工作，尽量找一些大机构、知名学校去实习，这种实习经历的含金量会更高，甚至会得到实习留用的机会。

除了上述 3 个方面的规划准备，想报考教师编制的同学一定要提前了解目标地区教师岗位的招聘政策和招聘数量，毕竟不同学校的招考要求会有细微差别，明确目标地区的报考要求，能更有针对性地做准备。

另外，很多学校每次招聘时都有公示环节，会公示将要录取考生的毕业院校、学历情况，大家要实时关注相关情况，如果发现目标院校的招聘要求过高或者招聘人数较少，应及时调整报考方向。

第五节

报考大学 / 大专院校老师的注意事项

前面说的教师是指幼儿园、小学、初中、高中阶段的教师，除了这些教师，还有很多同学对大学的教师岗位感兴趣，很多家长也认为大学教师属于事业编制，工作稳定，是个不错的选择。

实际上，在目前大学教师的招聘中，越来越多的高校开始采用"员额制"。

员额制，又称"人员总量管理"。员额制人员在职称评审、工资待遇、奖励考核等方面与事业编制人员一样，但与单位签订的是劳动合同。传统的事业编制与人对应，人走编制也跟着走，但员额制与岗位对应，只有在岗才能在编。

简单来讲，员额制是一种永远都处于试用期的事业编制，虽然待遇各方面与事业编制一样，但工作考核不达标者会被辞退，稳定性不如事业编制。

目前，很多高校都在实行员额制的人事管理制度，如河南大学、温州大学、海南师范大学等。[①] 除了高校，还有很多公立医院和中小学也在陆续推行员额制。

了解完高校教师编制的情况后，我们再来看高校教师的招聘。很多同学认

---

① 详见微信公众号"财会月刊"于 2024 年 12 月 2 日的发文《高校事业编，没了！》。

为大学教师也需要考取教师资格证书，并通过统一的事业单位招考进入，实际情况并非如此。

首先，要想当大学教师，应聘前无须考取教师资格证书，因为高校教师资格证书不接受个人单独报考，需要入职后由所在高校统一组织报名。

其次，高校的教师招聘门槛很高，学历要求多为博士或博士后，极少数是硕士学历起报。在高层次人才的招聘中，往往不设置笔试，用人单位收到应聘者的简历后，会重点考查应聘者的科研能力，如是否发表过高质量的科研论文，是否主持或参与过重大科研项目等。科研成果突出的应聘者，经过面试考查后，择优录取。

除了科研成果，高校还非常看重应聘者的学校背景，毕业于名校的应聘者备受青睐。例如，郑州轻工业大学招聘青年人才时，写明须为海内外知名高校、科研院所博士毕业生。[①]

拥有硕士学历的同学如果想去高校当老师，可以考虑去大专院校担任教师，这些高校的招聘要求稍低，很多岗位是硕士研究生学历起报，还有一定的机会。

最后，有一些同学感觉报考公办高校教师编制的竞争过于激烈，想退而求其次选择招聘要求稍低的民办高校。大家一定要提前了解的是，之所以民办高校的招聘要求稍低，是因为民办高校不能解决事业编制，也不是员额制，与教师签订的是劳动合同，属于企业化用工，稳定性明显弱于公办高校，能接受这一点的同学再考虑报名。

综上所述，高校教师主要是通过"人才引进"的方式进行招聘，由高校单

---

① 参见郑州轻工业大学计算机科学与技术学院网站《郑州轻工业大学 2025 年诚聘海内外高层次人才》。

独发布招考公告，一般不参加统一的事业单位招考，无须笔试，直接面试，对学校、学历、科研成果等方面的要求较高，能成功应聘的求职者很少。

现在很多高校采取员额制与非升即走的人事制度，入职后必须取得学校要求的科研成绩，否则也会被辞退，看重稳定性的同学考虑清楚后再做选择。

除了教师，高校中职能类岗位的招聘也较为普遍，常见的职能类岗位包括辅导员、行政管理、后勤管理等，这些岗位只处理高校日常事务，不承担教学任务，应聘者需要经过笔试、面试等事业单位的标准招考流程，通过考核方可录取。

职能类岗位一般的学历要求为硕士研究生学历，少部分岗位要求本科学历即可。学历低、科研成果不突出但想进入高校的同学可以重点考虑这类岗位。

高校职能类岗位的招聘方式与其他事业单位的招聘方式一样，有些高校可能会参加事业单位联考、统考，有些高校则会在自己的官网上单独发布招聘公告，考试内容和其他事业单位相似，感兴趣的同学记得多方收集招考信息。

第四章

考研、保研与留学

除了考公和就业，很多同学毕业后会选择继续深造，但是在国内读研还是出国留学？考研难度大吗？读完研究生就业是否会更容易？

在本章中，我会剖析 4 种常见的升学方式——考研、保研、留学和专升本，让大家对升学和之后的就业情况有一个更全面的认识。

第一节

研究生更好就业吗

"我家孩子想考研，考研好'上岸'吗？"大家关于考研的第一个问题往往是在问考研的通过率，考研现在好考吗？

从数据上看，近两年好考了很多。

2025 年考研报名人数 388 万，比 2024 年的 438 万减少了 50 万，比 2023 年的 474 万减少了 86 万，考研的报名人数已经连续两年在下降[①]。

再看研究生的录取人数，教育部发布的历年《全国教育事业发展基本情况》中的最新数据是，2024 年硕士研究生共计招收约 119 万[②]，比 2023 年的 115 万增加了 4 万[③]，比 2022 年的 110 万增加了 9 万[④]，虽然还没有公布 2025 年的数据，但从招生趋势看，每年招生人数都在增加。

报名人数连续下降，招生人数连续上升，从已经公布的数据计算，2024 年的考研录取率达到 27%，约每 4 个考研的同学中会有 1 个被录取，考研的整体通过率越来越高。

为什么考研通过率变高了，报名人数却连续两年大幅下降呢？其中一部分

---

① 参见今日头条《2025 年全国硕士研究生考试开考，388 万人报名》。
② 2024 年全国教育事业发展统计公报 [EB/OL]. 中华人民共和国教育部，2025–06–11.
③ 2023 年全国教育事业发展统计公报 [EB/OL]. 中华人民共和国教育部，2024–10–24.
④ 2022 年全国教育事业发展统计公报 [EB/OL]. 中华人民共和国教育部，2023–07–05.

原因是硕士研究生的就业情况也不乐观，让大家的"就业预期"变差了。

何谓"就业预期"？简单来讲，就业预期就是很多同学感觉考上硕士研究生还是很难找到心仪的工作，这样的话不如早点就业，积累一些工作经验更划算。

造成就业预期差的原因：一方面，硕士研究生持续扩招，不少高校甚至出现了硕士研究生比本科生还多的情况，比如清华大学2024级本科新生不足3800人，但硕士和博士新生将近1万人[①]；另一方面，毕业生的数量逐年增加，2021年毕业的硕士研究生仅有70万[②]，2024年则增加到99万[③]，很多同学担心未来会更难就业，不想读研，希望早点就业。

在这里，我要提示大家的是，虽然考研报名人数下降了，但减少的很多是"摇摆不定"的同学，他们并不是考研的主力军。虽然考研的通过率提高了，但不代表考研难度下降，考研尤其是考入名校还是很难的。

我在直播时总是建议大家一定要带着"目的"去读研，先想清楚自己为什么读研，再来确认是否要考研、考什么学校和专业。

比如，有些同学读研是为了考公，他的专业报考公务员的话必须具有硕士研究生学历，这种情况可以考一所普通院校的硕士研究生，只要拿到硕士研究生学历，就可以满足目标岗位的报考要求。

有些同学是因为他的专业考公可以报考的岗位很少甚至没有可报的岗位，需要通过跨专业考研改变专业，这种情况就需要先看考公的热门专业有哪些，在其中选择最适合自己的专业报考。

---

① 参见今日头条《研究生数量超本科，学历贬值时代到了吗？》。
② 2021年全国教育事业发展统计公报 [EB/OL]. 中华人民共和国教育部，2022-09-14.
③ 2024年全国教育事业发展统计公报 [EB/OL]. 中华人民共和国教育部，2025-06-11.

　　恰恰相反的是，我看到很多同学盲目读研，只是因为身边的同学都读研，或者自己认为读研更好找工作，所以去读研，毕业后却发现现实的就业环境与自己想象的完全不一样。

　　比如，我遇到很多同学"向下"读研，明明是 985 高校、211 高校本科学历，却选择就读双非一本甚至二本院校的硕士研究生，毕业后还不如名校的本科生好找工作；还有同学为了拥有名校学历，选择名校的冷门专业，这两种情况最后的就业情况都不太乐观。

　　当前的就业环境下，我不是不鼓励读研，而是不鼓励盲目读研。

　　虽然现在企业校招的很多岗位是硕士研究生学历起报，但这并不意味着所有的硕士研究生都能成功入职，只有少部分优秀的硕士研究生可以成功入职，拥有硕士研究生学历只是拿到了入场券，最终能否找到理想的工作，还要看个人能力。

　　只是拥有硕士研究生学历，却没有企业希望硕士研究生拥有的能力，不过是从一个平平无奇的本科生，变成了一个平平无奇的研究生，并不能摆脱就业困境。

　　所以，大家考研前一定要多花点时间厘清自己的就业方向，想清楚再出发，这样可以更快地到达目的地。

　　另外，在考研选择硕士研究生类型时，我还经常被家长们问到一个问题：考专硕和考学硕，毕业后的就业有区别吗？

　　专硕是指专业硕士，学硕是指学术硕士，这几年扩招的主要为专硕，很多人担心读专硕在就业时会不会被区别对待。这个问题完全不用担心，在目前企业的招聘中，极少有企业会限制硕士研究生的类型，基本都是硕士研究生学历即可，并不区分学硕和专硕。

学硕和专硕的主要区别体现在以下 5 点。

- 培养目标：学硕更注重学术研究能力，专硕更注重专业实践能力。

- 学费：学硕学费一般为 8000 元 / 学年，专硕学费一般高于学硕，有的甚至高达数十万元。

- 学制：学硕一般为 3 年，但专硕一般为 2 ~ 3 年。

- 毕业条件：学硕一般要求发表 1 篇高质量的学术论文，并在一定级别的学术期刊上发表文章；专硕要求较低，一般有研究报告、案例分析或设计作品即可。

- 继续升学：学硕有直博或硕博连读的机会，部分高校可以通过转博答辩直接攻读博士学位，无须考试；专硕必须参加全国统一考试，才能进入博士阶段。

除了上述区别，学硕和专硕在考试科目、导师制度、课程设置等方面也有一定的区别。整体来说，学硕和专硕的区别主要集中在培养模式方面，目前从未来就业的角度看，区别不大。

第二节

考研的报考流程

在讲硕士研究生的报考流程之前，我先讲解一下考研与高考的 3 个不同之处。

（1）高考只有 1 次考试，但考研分为初试和复试两个环节：初试就是我们平时所说的笔试；复试一般包括笔试和面试，个别高校不进行笔试，只有面试。只有初试通过，考生才有资格参加复试。

（2）高考可以报很多个平行志愿，但考研只能报考一所院校的一个专业，考生在报名前就要提前选好目标院校。如果考生初试或复试没有达到该院校的录取分数线，则可以选择调剂。

（3）考研初试后，成绩达到两个分数线，考生才能进入复试。

第一个是国家线，由国家确定，在考研初试结束后公布。它规定了考生进入复试的最低分数。国家线分为总分线和单科线，考生的总分和单科成绩都要达到国家线，才算符合要求。

国家线并不是全国统一的，根据各地区的经济和教育发展水平等因素划分为两个：一个是一区（又称 A 区）国家线；另一个是二区（又称 B 区）国家线，一区的国家线总分一般会高于二区 10 分。其中，一区包括北京、天津、河北、山西、辽宁、吉林、黑龙江、上海、江苏、浙江、安徽、福建、江西、山东、河南、湖北、湖南、广东、重庆、四川、陕西等21个省（市）；二区包括内蒙古、广西、海南、贵州、云南、西藏、甘肃、青海、宁夏、新疆等10个省（自治区）。

表4-1是我摘取的2025年硕士研究生考试国家线，我们以第一个学科哲学为例，A类考生也就是报考一区学校的考生，进入复试的分数线总分最低为321分，如果考试科目满分是100分，那么单科得分最低为39分；如果总分高于100分，那么单科得分最低为59分。B类考生就是报考二区学校的考生，进入复试的分数线总分最低为311分，如果考试科目满分是100分，那么单科得分最低为36分；如果总分高于100分，那么单科得分最低为54分。

如果某考生报了一区的学校，但是成绩没有达到一区的国家线，那么可以选择调剂到二区；如果某考生报了二区的学校，但是成绩没有达到二区的国家线，就只能被淘汰了。

第二个是复试线，由各学校各专业自己确定，在国家线后公布，只有成绩达到复试线的考生才可以参加复试。也就是说，成绩必须同时达到国家线和复试线，考生才能进入复试。

了解完考研的3个基础知识点后，接下来我们以2025年考研为例，梳理一下考研的关键时间点。

1. 预报名

2025年考研的预报名时间为2024年10月9—12日，报名网站为"中国研究生招生信息网"，简称"研招网"。

预报名主要是为了让考生提前了解报名流程，缓解正式报名时的网络压力而设置的，不是必须参加的。不参加预报名，直接参加正式报名也可以。

表 4-1 2025 年全国硕士研究生招生考试考生进入复试的初试成绩基本要求

学科门类	一级学科、专业学位类别（以下简称学科专业）	A类考生①			B类考生②			招考"少数民族高层次骨干人才计划"考生⑤和享受少数民族照顾政策考生总分要求⑥
		总分	单科（满分=100分）	单科（满分>100分）	总分	单科（满分=100分）	单科（满分>100分）	
哲学[01]	各学科专业	321	39	59	311	36	54	257
经济学[02]	各学科专业	323	40	60	313	37	56	259
法学[03]	各学科专业	323	40	60	313	37	56	259
教育学[04]	体育[0452]	304	36	108	294	33	99	244
	教育[0451]、国际中文教育[0453]	341	45	68	331	42	63	273
	其他学科专业	341	45	135	331	42	126	273
文学[05]	各学科专业	351	47	71	341	44	66	281
历史学[06]	各学科专业	336	43	129	326	40	120	269
理学[07]	各学科专业	274	34	51	264	31	47	220
工学[08]	工学照顾专业③	251	33	50	241	30	45	201
	其他学科专业	260	34	51	250	31	47	208
农学[09]	各学科专业	245	33	50	235	30	45	196
医学[10]④	各学科专业	293	36	108	283	33	99	235
军事学[11]	各学科专业	260	34	51	250	31	47	208
管理学[12]	工商管理[1251]、旅游管理[1254]	151	35	70	141	30	60	121
	公共管理[1252]	164	38	76	154	33	66	132
	会计[1253]、审计[1257]	194	48	96	184	43	86	156
	图书情报[1255]	191	48	96	181	43	86	153
	工程管理[1256]	162	38	76	152	33	66	130
	其他学科专业	333	41	62	323	38	57	267
艺术学[13]	各学科专业	351	37	56	341	34	51	281
交叉学科[14]	各学科专业	266	34	51	256	31	47	213

注：
①报考地处一区〔北京、天津、河北、山西、辽宁、吉林、黑龙江、上海、江苏、浙江、安徽、福建、江西、山东、河南、湖北、湖南、广东、重庆、四川、陕西等21个省（市）〕招生单位的考生。
②报考地处二区〔（内蒙古、广西、海南、贵州、云南、西藏、甘肃、青海、宁夏、新疆等10个省（自治区）〕招生单位的考生。
③力学[0801]、冶金工程[0806]、动力工程及工程热物理[0807]、水利工程[0815]、地质资源与地质工程[0818]、矿业工程[0819]、船舶与海洋工程[0824]、航空宇航科学与技术[0825]、兵器科学与技术[0826]、核科学与技术[0827]、农业工程[0828]。
④报考临床医学专业学位（即临床医学[1051]、口腔医学[1052]、中医[1057]）考生进入复试的初试成绩要求，由招生单位自主确定并公布，另外，招生单位自主确定并公布本单位接收报考其他单位临床医学类专业学位研究生进入复试的考生调剂到其他专业的基本成绩要求。教育部规定的临床医学类专业普通高校应届本科毕业生考生进入复试的初试成绩基本要求参考。同时作为报考临床医学类专业学位研究生进入复试的初试成绩基本要求。
⑤报考"少数民族高层次骨干人才计划"考生进入复试的初试成绩基本要求：A类、B类考生均执行本表确定的总分要求，单科执行由招生单位自主确定。单招生单位自主确定的分数要求，且定向就业区域在民族区域自治地方的少数民族研究生和定向西部地方就业的汉族考生。该类考生进入复试的初试成绩基本要求；
⑥报受少数民族照顾政策的考生是指：工作或户籍所在地在国务院公布的民族自治地方，且定向就业单位为原单位在职人员考生。
A类、B类考生总分要求均执行本表确定的总分要求，单科要求均为30分（满分=100分）、45分（满分>100分）。

如果想提前报名，在预报名时，考生就可以填写报名信息，生成报名号并成功缴费，与正式报名的流程一样，而且报名信息同样有效，无须再在正式报名阶段报名。

需要注意的是，有些省份的预报名只允许应届生报名，往届生只能在正式报名环节进行报名，但也有很多省份预报名对考生届别没有限制。

每年报名考研的同学中会有大量的往届生，是否为应届生身份对考研没有任何影响，只是在报名时略有区分，考研最终能否成功，只看初试和复试的成绩。

2. 正式报名

2025年考研的正式报名时间为2024年10月15—28日，报名网站还是研招网。

所有的本科生（非全日制、全日制等只要取得国家承认学历的人员均包含在内）、毕业两年及以上的专科生、已经取得硕士或博士学历的研究生都可以报名参加研究生考试。

这里要提示的是，虽然毕业两年及以上的专科生可以在没有本科学历的情况下，直接报名研究生考试，但我还是建议专科生尽量取得本科学历后去读研，这样在就业时限制更少。

考试地点方面，应届生一般选择学校所在地的报考点，非应届生可以选择工作所在地或户口所在地的报考点。选择的报考点不同会直接影响考生报名时需要提交的材料情况。比如，社会人士选择工作所在地参加考试，但户籍不在工作所在地，则需要提供工作证明、居住证等材料。

每个报考点的承载容量有限，有可能会出现报考点已满，只能选择其他符合要求的报考点的情况，所以考生应尽早报名。

参加西部计划、"三支一扶"计划、特岗教师、国际中文教育志愿者项目的同学和退役大学生士兵，可申请享受初试总成绩加 10 分、同等条件下优先录取的优惠政策，但需要提供相应的证明材料。

3. 网上确认

完成网上报名的同学，还需要进行网上确认，只有网上确认环节通过，才算真正报名成功。

网上确认的时间不固定，由各省级教育招生考试机构自行安排和公布。这里要注意的是，网上确认的时间及要求要看所选报考点的公告，而不是招生单位。比如考生在天津大学考试，但考研报考的是北京大学，那么在网上确认环节，考生需要看的是天津大学报考点的公告及要求。

绝大多数报考点都是通过研招网进行网上确认，但也有报考点有自己的网上确认系统。比如，选择北京大学作为报考点的同学需要在"北京大学研究生招生网"完成网上确认，无须在研招网进行网上确认，大家一定要看好报考点发布的公告。

网上确认环节需要考生再次核对报考信息，并且上传材料，全部完成后等待报考点审核。

审核结果一般有 3 种：①审核通过，代表报名完成；②审核结果显示为待补充材料，则考生需要按照要求重新提交材料，等待再次审核；③审核不通过，一般是因为不符合报考点要求，需要申请补报名——这个操作非常麻烦，还有可能无法补报名。所以，大家在开始报名选择报考点时一定要十分谨慎。

4. 准考证下载

2025 年考研准考证下载时间为 2024 年 12 月 11—23 日。

5. 初试

2025 年考研初试时间为 2024 年 12 月 21—22 日。

初试一般考 4 科，分别是政治、外国语、数学或专业基础、专业课，满分分别为 100 分、100 分、150 分、150 分。教育学、历史学、医学 3 个门类的学硕，及体育、应用心理、博物馆学、临床医学、口腔医学、公共卫生、护理、药学、中药、中医、医学技术、针灸 12 个专业的专硕，初试考 3 科，分别是政治、外国语、专业基础综合，满分分别为 100 分、100 分、300 分；工商管理、公共管理、会计、旅游管理、图书情报、工程管理和审计 7 个专业的专硕，初试考 2 科，分别是管理类综合能力、外国语，满分分别为 200 分、100 分。

其中，政治只有 1 套卷；英语有 2 套卷，分别是英语（一）和英语（二），学硕都考英语（一），一般英语（一）更难一些；数学有 3 套卷，分别是数学（一）、数学（二）和数学（三），一般难度按照从一到三的顺序递减。以上 3 个科目的试卷都是全国统一命题。

大部分学校的考研专业课都是自主命题，也有部分学校是全国统一命题或者多校联考，考生一定要登录目标院校的研究生招生网查看招生简章。

综上所述，考生在开始复习之前就要确定好目标院校和目标专业，这样才能确定到底需要学习哪门公共课和专业课。

6. 初试成绩公布

每个省公布初试成绩的时间不统一，但前后差距不大，2025 年大部分省份公布考研初试成绩的时间为 2025 年 2 月 26 日，考生可以通过研招网或报考院校的研究生招生网站查询成绩。

7. 国家线和自划线公布

初试成绩公布后不久会公布国家线，一般是 3 月中旬，但 2025 年考研国家线公布时间明显提前，为 2025 年 2 月 24 日。

另外，有 34 所高校有自主划线的权利。所谓自主划线，就是初试合格的分数线由学校自己确定，不用参考国家线。自主划线院校的分数线基本都会高于国家线，但也不排除出现个别学校个别专业会低于国家线的情况。

自主划线院校的分数线一般会先于国家线公布（2025 年考研国家线提前公布，使得自主划线院校分数线晚于国家线公布），复试也会先于其他高校进行，成绩没有达到这 34 所高校的复试线或者没有通过复试的考生可以及时调剂至其他高校。

34 所自主划线院校名单如下：北京大学、中国人民大学、清华大学、北京航空航天大学、北京理工大学、中国农业大学、北京师范大学、南开大学、天津大学、大连理工大学、东北大学、吉林大学、哈尔滨工业大学、复旦大学、同济大学、上海交通大学、南京大学、东南大学、浙江大学、中国科学技术大学、厦门大学、山东大学、武汉大学、华中科技大学、湖南大学、中南大学、中山大学、华南理工大学、四川大学、重庆大学、电子科技大学、西安交通大学、西北工业大学、兰州大学，均为 985 高校。

另有 5 所 985 高校（中央民族大学、中国海洋大学、华东师范大学、国防科技大学、西北农林科技大学）没有自主划线权。

8. 各高校复试线公布

国家线公布后，各高校会陆续公布复试线，一般在 3 月中下旬，进入复试环节的同学可以参加复试。

初试成绩比较好的同学，在公布初试成绩后就可以联系导师；对初试成绩没有把握的同学，可以在复试名单公布后再联系导师，争取给导师留下一个较好的第一印象。

9. 复试

考研复试一般包括资格审查、专业课笔试、面试（英语口语）3 个方面，笔试除了专业课笔试，有些专业可能还会考政治等科目。此外，跨专业考研的同学有可能需要额外加试，具体要看目标院校的通知。

复试时间以前一般由各高校自行确定，但从 2025 年开始，复试将由教育部统一确定时间范围，大部分院校的复试时间集中在 3 月中下旬，原则上各院校的一志愿录取工作须于 4 月 8 日之前结束。

复试是差额复试，差额比例一般是 1∶1.2 或 1∶1.5。比如，某高校原定计划招 10 人，最少会让 12 人进入复试环节，有些学校可能会让 15 人甚至更多的人进入复试环节，根据这些同学复试的表现再决定最终录取的 10 人名单，复试的比例一般都会提前公布。

很多高校的复试会采取"三随机"原则：随机选定考生次序、随机确定考核组人员、随机抽取复试试题，复试过程很透明。

一般会在复试结束后的 1 ~ 5 个工作日公布复试结果。考生的最终成绩 = 初试总成绩 × 初试成绩权重 + 复试总成绩 × 复试成绩权重，初试和复试的占比有可能是五五分，也可能是四六分或三七分，每所学校的规定不一样。

10. 调剂

2025 年教育部规定招生单位接受所有考生的调剂申请均须通过教育部研招网"调剂服务系统"进行，不能通过小程序、学校网站等其他渠道进行调剂。

研招网中的"调剂意向采集服务系统"于 3 月 28 日开通，已完成一志愿录取的招生单位可在该系统中发布调剂信息，有调剂意愿的考生可查询、填报意向信息。

这样的调剂要求更加保护一志愿考生，因为高校必须在一志愿录取完成后才可以发布调剂信息，而不是像往年一样，部分院校的一志愿考生和调剂考生同时参加复试，影响一志愿考生的录取。

"调剂服务系统"于 4 月 8 日开通，即 4 月 8 日才开始正式调剂，3 月 28 日开始的"调剂意向采集服务系统"只是先收集大家的意向，并不是正式填报调剂信息。

调剂时，考生可以同时填写 3 个平行志愿，志愿提交后即被招生单位锁定，不能再报考其他学校，锁定时间由各招生单位自主设定，最长不超过 36 小时。如果调剂学校同意接收该考生，考生即可参加复试；如果不接收，考生就可以继续填报其他学校。

调剂学校会对考生的考试科目、初试成绩、专业等方面有要求，考生全部符合要求方可申请调剂。调剂分为两种：一种是校内调剂，即调剂到这所学校的其他相关专业；另一种是校外调剂，即调剂到其他学校，校内调剂被录取的概率非常大。

调剂有"黄金 48 小时"一说，也就是在开放调剂的 48 小时内信息最多，最容易调剂成功，很多考生甚至从零点开始就通过"调剂服务系统"填写调剂信息。需要调剂的考生需要登录研招网，及时查看各院校发布的调剂信息。

11. 拟录取

通过复试的考生会收到拟录取通知，同时学校会进行招生信息公示，公示时间不少于 10 个工作日。

这里特别提示一下，想考研的同学可以提前一年登录目标院校的招生信息网，查看录取人员情况，提前确定备考目标。

以上就是考研的全部流程。

第三节

考研的准备工作

经过前面章节的讲解，我们应该清楚，考研分为两步——初试和复试，初试为笔试，只看分数，复试为笔试＋面试，影响因素较多。接下来，我们从提升笔试和面试成绩的角度讲一下准备考研的同学如何在大学期间合理规划。

要想考研初试成绩达到目标学校的录取分数线，以下两个关键点缺一不可。

1. 考试考得好

想考研的同学只需在大一、大二阶段学好数学和英语，因为大多数专业都考数学和英语，提前学好这两门公共科目，争取在大二结束前将大学英语四、六级全部考过，这样做会为考研打下很好的基础。

大三上学期开学后，立志考研的同学可以开始收集各院校的报考要求和专业就业情况，想提早准备的同学可以在大三上学期开始复习笔试，一般在大三下学期开学后全力以赴备战考研。

我见过有的同学从大一就开始复习考研科目，这时准备太早了，完全没有享受到大学生活的乐趣，而且备考时间过长，导致学习效率很低，个人不太建议过早备考。

2. 学校选得好

"强中更有强中手"，要想在考研时取得理想的分数，我们必须在择校上下功夫，很多时候，选择一所适合自己的目标院校甚至比考得好还重要！

学校和专业的选择原则一般是先选专业再选院校，大家可以先确定是考本专业还是跨专业考研，确定专业后，考试的公共科目基本确定，专业科目大体确定，可以先复习一段时间再选择院校层次。

院校层次肯定是越高越好，但也要考虑自己的复习情况和院校的招生情况，考研要先通过再谈未来发展，抛开通过率谈发展，一切都没有意义。

考研择校的技巧很多，接下来，我从就业的角度讲一下企业招聘时看重的因素，以供大家考研择校时参考。

- 考研录取分数的高低不代表学校的排名。比如，武汉大学某专业的录取分数线明显比哈尔滨工业大学同样专业的分数线高，但从就业的角度讲，哈尔滨工业大学属于 C9 院校[①]，就业认可度更高。

- 除了个别企业会照顾教育部学科评估为 A+ 的专业的学生，绝大多数企业并不看重学科排名，报考的专业学科排名高低，对就业的影响不大。

- 企业招聘基本是按照学科大类进行招聘。比如，A 同学的专业是计算机科学与技术，B 同学的专业是网络工程，一般来讲，计算机科学与技术的录取分数线更高，但这两个专业在实际就业时的区别不大，都属于计算机大类，能报的岗位类似。

---

① C9 院校即九校联盟，是中国首个顶尖大学间的高校联盟，包括北京大学、清华大学、复旦大学、上海交通大学、南京大学、浙江大学、中国科学技术大学、哈尔滨工业大学和西安交通大学。

● 除了极少数同学能找到与自己的研究方向相匹配的工作，绝大多数同学的研究方向并不会对就业产生明显的影响。

抛开学校、学科排名、专业和研究方向的执念后，我们再综合各学校的报考人数、录取人数、考试内容等与考研成功直接相关的因素选择院校，更为理性、客观。

在本章第一节我就提到，一定要带着"目的"去读研，盲目读研的最后结果往往不尽如人意。

除了笔试，考研复试还会有英语口语和面试。其中，英语口语不用提前太长时间准备，一般在初试结束后再准备，考研复试最大的难点在于不清楚面试老师的评分标准。

一般来讲，拥有大学英语四、六级证书可以让我们在研究生期间更好地查阅外文资料；有过科研经历或实践经历，可以让我们更快速地开展科研工作；有更优异的学习成绩或者获得一些荣誉奖项，代表我们有更好的学习能力；拥有上述 3 个方面的优势会对考研的面试有一定的加分作用。

想要提前准备考研的同学可以在学习成绩、科研或社会实践、英语水平等方面提前规划，即使不考研，这些方面做得好对于就业也会有所帮助。

鉴于目前考研的通过率较低，很多同学想考研和就业两手准备。想要两手准备的同学要在大三下学期之前，把就业需要的证书、实习、比赛、项目经历准备好，做一份漂亮的简历。这样做，既可以在大三下学期开始全力备战考研，不影响考研的复习进度，又可以拿出有竞争力的简历参加大四的秋招，争取校招的成功机会。

我还遇到有同学想考研和考公两手抓，这两项同时准备起来有点困难，因为二者复习备考的时间完全重合，都是在大四的 12 月考试，而且需要付出的时间、精力都太多了。考公一般要准备半年左右，考研要准备一年左右，很难同时兼顾，我建议二者择一备考，通过的概率更大。

第四节

如何争取保研

除了考研，还有一种可以在国内读研究生的方法，就是保研[1]。

1. 了解保研规则

想通过保研升学的同学，首先要确定自己学校有没有保研资格。目前，全国共有 300 多所高校具有保研资格，其中包括所有的 985 高校、211 高校、双一流院校，还有一些重点大学。

其次，要确定本专业的保研比例。同一所学校，优势学科和弱势学科的保研比例差距巨大。以南开大学为例，优势学科的保研率能达到 50% 左右，弱势学科的保研率可能只有 10% ~ 25%。

最后，要确定本专业的保研规则。大学期间，很多同学都有被保研的机会，但因为不清楚保研的具体规则，没有准备或准备错了方向，与保研失之交臂。

每所学校的保研政策不尽相同，我在这里举两个例子供大家参考。

---

[1] 推荐优秀应届本科毕业生免试攻读硕士学位研究生，简称"保研"。

（1）武汉大学新闻与传播学院 2025 届保研规则。[①] 被保研的同学需满足以下 3 个基础条件：①主修课程重修后无不及格情况；②平均学习成绩排名位于同年级同专业的前 50% 以内；③大学英语六级一定分数以上、雅思 6.5 分及以上或托福 90 分及以上。

满足上述要求的同学按照综合成绩进行排名，排名处于前列的同学可以获得保研资格。其中，综合成绩 = 学习成绩 ×90% + 学术活动 ×10%。

学习成绩的计算方法在此不再赘述，这里特别说明一下学术活动。学术活动包括 3 个方面：发表学术论文、参加学科竞赛和参与国家级大学生科研训练项目。学院会根据学生所发表论文的水平、比赛获得的奖项级别和科研项目的级别进行评分。

（2）南开大学化学学院 2025 届保研规则。[②] 被保研的同学需满足以下这个基础条件：必修课平均学分排名应在本专业本年级的前 80% 以内。

满足上述要求的同学按照综合成绩进行排名，排名前列的同学可以获得保研资格。其中，综合成绩 = 必修课平均学分绩 ×95% + 综合素质评价 ×5%。

综合素质评价 = 特殊学术专长 ×30% + 科研训练表现 ×40% + 英语水平 ×20% + 参军入伍服兵役 ×10%。其中，特殊学术专长是指发表论文和参加学科竞赛获奖，科研训练表现主要参考参与科研的时长，英语水平 = 大学英语四级成绩 ×50% + 大学英语六级成绩 ×50%。

虽然每所学校的保研政策不尽相同，但一般都包括以下 3 个方面的要求：①学习成绩一定占绝大多数的比例，是做保研规划的重中之重；②英语一般需

[①] 详细内容参见武汉大学新闻与传播学院发布的《新闻与传播学院关于做好 2025 届推荐免试研究生工作的通知》。

[②] 详细内容参见南开大学化学学院发布的《2024 年化学学院推免工作报名通知》。

要达到大学英语六级水平，且分数越高越好；③参加科研项目和学科竞赛，争取发表论文或获得奖项。其中，科研项目和学科竞赛作为锦上添花的环节，需要投入的时间、精力巨大，在保证学习成绩的情况下，想被保研的同学可以积极争取参加，若因为参加科研或学科竞赛影响学习成绩，就有点得不偿失了。

2. 保研中常见的误区

了解完保研的规则后，我再针对以下 4 个最容易出现的误区加以说明。

（1）保研看的是前 3 年共 6 个学期的平均成绩（学制为 5 年的同学看前 4 年的平均成绩），不必因为 1 门课考试的失误而担心失去保研的资格，1 门课的考试成绩对总成绩的影响不大。

（2）保研是可以跨专业进行的，跨专业保研除了对学生的学习成绩和目标专业的专业知识掌握程度有要求，学生最好有与目标专业相关的科研或实践经历，这样可以提高跨专业保研的成功率。

（3）保研是可以跨学校进行的。我毕业于南开大学，我们学校就有同学通过保研进入了清华大学、北京大学。这里提醒大家，想要通过保研进入外校的同学一定要去参加目标院校的夏令营。

（4）各学校的保研政策会在各自学院的官网上发布，想被保研的同学一定要提前了解相关政策，明确保研排名的计算方法，不打无准备之仗。

前面讲的是最常见的保研方法，我把它称为"常规保研"，除了常规保研，还有一些比较特殊的保研方法。其中，比较常见的就是支教保研和行政保研。

3. 支教保研

支教保研全称为"中国青年志愿者研究生支教团"，属于西部计划的一种，招募指标由教育部专项下拨，不占用学校的保研名额。2025—2026 年共有 216 所学校 2606 个学生名额。[①]

支教保研（研究生支教团），本科生和在读研究生都可以报名，上面说的 2606 个名额不代表本科的保研名额，因为还会有在读研究生报名。其中，报名的本科生需要先满足学校保研的基础要求，然后通过报名该项目获得教育部下拨的保研名额。所以，大家经常称它为支教保研，但它本质上是支援中西部教育的一个项目。

如果某同学获得了支教保研机会，那么他需要先去中西部地区县级及以下的中小学进行为期一年的支教活动。支教期间，由各地方负责为该同学发放生活补贴，缴纳社会保险和商业保险，并提供免费住宿。支教结束后，该同学再返校读研究生。

支教保研的应聘流程是由同学报名，西部计划项目办审核，审核通过的同学由学校组织集中面试，面试排名前列的同学体检通过后，公示录取。其中，中共党员、获得中小学教师资格证书的同学，同等条件下会被优先考虑。

关于支教保研，国家的政策规定可以通过西部计划官网查看，对于各学校具体的招募要求，可以直接询问辅导员或者查看学校网站。

一般来讲，支教保研对学生的成绩要求略低于常规保研，成绩在常规保研的边缘、愿意支教一年的同学可以多多了解。

4. 行政保研

行政保研又称"辅导员保研"，适用于毕业后想担任高校辅导员或成绩达

---

① 基于《第 27 届中国青年志愿者研究生支教团（2025—2026 年度）高校名额分配表》中的内容所得。

不到常规保研要求的同学，也是一种独立于常规保研名额之外的保研方式。

通过行政保研攻读硕士的同学一般需要在本科毕业后先专职从事两年辅导员工作，然后去读研究生。要注意的是，每所学校的政策不一样，有些学校的规定是一边读研一边兼任辅导员。有意向通过行政保研攻读研究生的同学，一定要去咨询自己所在学校的具体政策。

申请行政保研的同学在校期间需要担任过主要的学生干部，如班长、团支书、学生党支部书记等，应具备较强的组织能力和沟通能力。

行政保研的应聘流程是由同学报名，所在学院进行资格审查，资格审查通过的同学需参加学校统一组织的笔试和面试，最后根据综合成绩进行录取。

被行政保研的同学在担任辅导员期间是合同制管理，不解决事业编制，但工资待遇和学校正式的辅导员基本相同。担任辅导员未满两年主动辞职的同学，将被取消研究生的入学资格。

如果被行政保研的同学在读完研究生后想留在本校继续担任辅导员，也可以申请留用，有较大的概率留在本校，并且不用参加事业单位的统一笔试和面试。

支教保研和行政保研都比常规保研多读一段时间，而且基本只能被保送为本校的研究生，一般对学习成绩的要求会低于常规保研。达不到常规保研要求但又想被保研的同学，可以提前询问辅导员了解自己学校的具体政策。

第五节

留学需要花很多钱吗

　　近年来，随着国内考研压力的增大，很多同学开始考虑通过留学提升学历。境外有各种层次的学校可供选择，不管学生的成绩如何，可以说只要经济条件好，不用担心没学上。

　　也有很多同学听说留学的花费巨大，对留学望而却步，其实留学生可以申请名目众多的奖学金、助学金和勤工俭学，用以覆盖大多数留学费用。我身边就有同学不仅留学不花钱，甚至除去日常花销还能挣钱。

1."免费"留学

　　如何"免费"留学呢？

　　（1）公派留学项目。国家留学基金管理委员会（以下简称"国家留学基金委"）每年都会资助一部分同学留学，申请留学资助的同学可以选择联合培养（如某些项目要求在国内高校学习 2 年、国外高校学习 2 年，毕业获得 2 所学校的学位证）、留学（本科、硕士研究生或博士研究生阶段均在境外高校学习）等多种留学方式。

　　目前，有 200 多个留学项目可以申请，覆盖澳大利亚的悉尼大学、日本的早稻田大学、荷兰的阿姆斯特丹大学、英国的南安普顿大学、美国的加利福尼亚大学等多所国际知名学校。

资助费用一般包括一次往返国际旅费和资助期限内的奖学金。其中，奖学金可以覆盖留学人员在外学习期间的基本学习、生活费用，对部分人员还可以提供学费资助。

以与新加坡科技设计大学合作的项目为例，参加该项目的同学可以获得国家留学基金委提供的一次往返国际旅费和资助期限内的奖学金生活费。外方对获得国家留学基金委资助人员免除学费，学生只需自行支付强制性杂费。

国家留学基金委资助的同学在留学结束后必须回国工作，资助的大部分项目是博士留学项目，也会有部分本科和硕士研究生留学项目，感兴趣的同学可以登录"国家留学网"自行申报。

除了国家的公派留学项目，很多高校也会有留学资助项目。

（2）留学资助项目。

第一，校际交换生或联合培养。这类项目都是部分时间在国内学习，部分时间在境外学习，二者之间的区别是：校际交换生在境外学习时间较短，一般为 1 个学期，毕业不能获得交换学校的学位证；联合培养多采用"2+2"或"3+1"模式，即 2 年国内学习 +2 年境外学习或 3 年国内学习 +1 年境外学习，学生毕业后可以获得 2 所高校的学位证和毕业证。

在有校际交换生或联合培养项目的高校就读的同学，可以在上学期间提出申请，经过选拔后，获得学校资助部分或全部留学费用的资格，前往境外留学。

第二，留学专项奖学金。它是专门资助学生留学的奖学金，可能由政府或学校设立，也可能由校友或企业捐赠。由同学个人提出申请，相关部门通过对申请人的学习成绩、科研能力等多维度进行评审，确定留学专项奖学金的获得人选。

上述两种留学资助，每所学校的政策规定均不相同，多集中在985高校、211高校等知名高校，感兴趣的同学提前咨询辅导员或者查询学校和学院的官网了解。

第三，申请境外院校的奖学金和助学金。

境外院校的奖学金按照资助费用的多少可以分为两种：全额奖学金和半额奖学金。其中，全额奖学金基本能覆盖学生留学期间的学费、生活费、保险费等各种费用，部分学校提供的全额奖学金非常丰厚，甚至高达5万美元/年。有些学校规定，学生可以在有全额奖学金的同时，申请助学金和学生助教。其中，担任学生助教的同学有可能拿到2000美元左右的月薪。

半额奖学金只能提供部分经济支持，比如只涵盖一半的学费，或者涵盖全部学费但不提供生活费等。学生获得半额奖学金虽然可以为家庭减轻一定的经济负担，但如果去发达国家留学，花费依然不菲。

以上就是常见的申请留学奖助学金的方式，给大家提供一些思路，感兴趣的同学可以深入了解。

2. 申请留学的条件

申请留学最基础的两个要求是绩点（学习成绩）和语言成绩。

在满分100分的情况下，一些名校要求学生的平均成绩保持在90分以上才有资格申请就读该校。英语国家一般要求申请人在雅思或托福考试中取得不错的成绩。以雅思为例，部分名校要求申请人的雅思成绩在7.0分以上；非英语国家则要求申请人提供小语种考试成绩。

需要注意的是，上文列举的是名校的成绩要求，不是所有学校的要求都这么高，也会有排名低一些的院校对学生成绩的要求相对低一些。

　　除了上述两个基础要求，有些国家会有硕士研究生的入学考试。比如，申请美国理工科硕士研究生的同学要通过美国硕士研究生入学考试方可入学，类似于国内的考研，分数高的同学更容易申请成功。

　　另外，有相关实习或工作经历、有学术成果或竞赛获奖经历等可以提高申请的竞争力与拿到奖学金的概率。

　　上述这些要求可以从目标院校的官网和一些留学交流网站中获得信息，想申请的同学一定要提前关注，早做准备。

第六节

留学生与国内高校毕业生的区别

听说现在留学生回国就业的认可度比较低，现实情况真的如此吗？

目前，留学生常见的就业方向有 3 种——考公、考事业单位和进企业。接下来，我将分别从以上 3 种方向分析一下留学生的就业认可度。

1. 考公

关于留学生在公务员方向的就业，我被问到最多的一个问题是："留学生能不能报考公务员？"

答案是肯定的，只要在面试前获得学位证和留服认证〔即教育部留学服务中心国外（境外）学历学位认证〕的同学都可以报考公务员。但要注意的是，应届留学生只能报考允许择业期的高校毕业生报考的岗位。

本书第一章提到，在公务员考试中，应届生能报考的岗位分为两种：一种是当年毕业的同学可以报考；另一种是当年毕业的同学和择业期的同学都可以报考。以 2025 年国考为例，其中 39% 的岗位是仅限 2025 届应届毕业生报名的，26% 的岗位是仅限应届生（含 2025 届、2024 届、2023 届）报名的。

2025 届的留学生不能报考仅限 2025 届应届生报名的岗位，只能报考仅限应届生（含 2025 届、2024 届、2023 届）能报的岗位。简单来讲，留学生是没有应届生身份的，留学回国但没有找到工作的同学可以按择业期同学对待，国考和省考的规定都是如此。

选调生分为 3 种：中央选调生、定向选调生和普通选调生。一般大家感兴趣的是中央选调生和定向选调生，其中留学生是无法报名中央选调生的，因为中央选调生采用推荐制，由国内学校进行推荐。

定向选调生是指某个省份定向在某些高校招录的选调生。目前，国内多数省份的定向选调生不招留学生，北京、广东、山东等多地都出台了相关政策。

有些同学担心留学生报考公务员会被很多岗位限制，实际情况并非如此。我们以 2025 年国考为例，2025 年国考招录的 20 810 个岗位中，只有 60 个岗位限制留学生报考[①]，集中在各地出入境边防检查总站和国家移民管理局等较敏感的岗位，其他岗位对于留学生报考则没有限制。

总结来说，毕业后想考公的留学生与国内高校毕业生相比明显处于劣势地位。

2. 考事业单位

在事业单位的招考中，仅限"当年毕业的应届生"报考的岗位较少，基本都是仅限"应届生"报考的岗位，当年毕业的应届生和择业期同学都能报考。

事业单位的招考和公务员考试的规定相似，应届留学生相当于国内择业期同学，所以，在事业单位的报考上，留学生和国内高校毕业生没有区别。

想报考事业单位的留学生一般需要在资格复审前获得学位证和留服认证，

---

① 基于《中央机关及其直属机构 2025 年度考试录用公务员招考简章》中各职位的报名要求统计所得。

但有些事业单位规定需要在报名前就获得学位证和留服认证，具体要求可以关注报考单位的招考公告。

3.进企业

很多留学生担心报考央国企时会不会有一些涉密岗位受限制，实际情况是只有极个别企业的极个别岗位才会限制留学生报名，数量之少几乎可以忽略不计，央国企的报考对国内高校毕业生和留学生一视同仁。

私企和外企的招聘对于留学生更没有限制，外企非常喜欢招聘有留学背景的应聘者，因为一般来讲，留学生的外语口语水平更高，更适应对外交流。

总结一下，留学生在报考公务员时确实处于劣势地位，但在报考事业单位和企业时，与国内高校毕业生并无差别，而且不管是公务员、事业单位还是企业，一些涉及国际业务和对外交流的岗位都倾向于招收留学生。

这两年留学生感觉求职难度变大，根本原因是随着国内经济的发展和留学人员的增加，国内的招聘市场开始对留学生"祛魅"。以前留学生少，出国留学的同学都是佼佼者，但最近这几年留学生明显增多，还有很多申请门槛低、学习时间短的"水硕"①，这些因素促使国内招聘单位对留学生的招聘政策更加理性。

学校排名高、自身实力强的留学生回国就业仍然备受青睐，但如果只是出国"混"了个硕士学历，学校就业认可度与国内的普通高校甚至二本院校相同，那么仍然要面临很大的就业压力。

---

① "水硕"是一个网络用语，通常用来形容那些学制较短、申请和毕业相对容易，学位含金量稍低的硕士。

第七节

专科生要不要专升本

1. 专科生的就业方向

我的学员中除了本科生和硕士研究生，也有一部分专科生，他们在校招中不敢尝试，总认为自己学历低，报考什么岗位的成功率都很低，实际情况是很多单位会有专门的岗位招聘专科生。

在考编制方面，公务员单位和事业单位都会有专科生能报考的岗位，但岗位很少。在这两条就业路径中，专科生面临的机会确实少。

在企业的招聘中，国家电网、铁路局、中石油、中石化、中国旅游集团、中国稀土集团等很多央国企和私企都会有专科生能报的岗位，岗位多集中在操作工和销售等一线岗位。

如果你是专科生，已经确定不会继续攻读本科学历，就业时可以大胆点，以上岗位都是专门留给专科生的。

客观地讲，目前专科生能报的岗位基本都是一线岗位，工作条件比较辛苦，未来的发展前景也有限，很难往技术或管理方向发展。

目前，企业对口院校的理工科专科生最好就业，如铁路院校学铁道工程技术的专科生进入铁路系统工作的概率很大。如果你只是普通大专院校的文科生，如就读工商管理专业等，那么你的就业难度有点大，大概率是从事销售工作或成为个体工商户。

对于就业前景不明朗的专科生，我强烈建议大家去考专升本，获得本科学历，这样不管考公还是进企业都有了更多的选择。

有一些同学可能会选择通过专科学历直接考研或出国留学，对此我个人持保留意见。原因如下：一方面，从专科直接去读研究生，没有本科学历和学位，在就业时非常受限，很多单位会要求应聘者提供本科学历证明；另一方面，从专科直接考研、出国留学往往更难。以考研为例，虽然按照规定专科生毕业两年后可以以同等学力的身份考研，但有些学校不允许专科生报考，有些学校针对专科生需要额外加试，限制较大。

就读专科的同学尽量先通过专升本获得本科学历，再去读研或留学，未来就业的限制会更少。

2. 专升本

目前，统招专升本（以下介绍的都是全日制统招专升本，后续不再特别说明）的政策如何？如何申请专升本呢？

关于专升本，每个地方的叫法不同，有些地区叫专转本，有些地区叫专接本，都是指在完成 3 年专科学业后，通过参加专升本考试，继续进入本科院校学习两年，毕业后获得本科学位证和毕业证。

专升本的同学获得的本科毕业证上会备注"专科起点"的字样，有些同学担心专升本的学历不被认可，但在实际就业中，考公考编对于专升本的同学和统招本科的同学基本一视同仁；在企业校招中，专升本的同学和二本、三本院校的毕业生竞争力基本相当，可以被各大企业的校招承认。

不像考研有初试和复试两次考试，专升本的考试只有一次，只需要通过统一的笔试即可被录取。在绝大多数情况下，专升本的考试机会也只有一次，如果唯一的一次专升本考试没有成功，就不能以专升本的形式考全日制本科。专科生再想读全日制本科需要重新参加高考，或者通过"三支一扶"计划、当兵入伍等方式保留应届生身份，服务期满后再去参加专升本考试。

但有几个地区特殊，如辽宁省，只要在辽宁省读专科的学生毕业后不管应届生还是往届生，都可以多次报考辽宁省的专升本；又如广东省和天津市，只要考生的户籍所在地隶属广东省或天津市，不管其是在省（市）内读专科还是在省（市）外读专科，都可以多次参加省（市）内的专升本考试。

一般情况下，专升本报志愿只能报专科所在省份的本科院校，但生源地为上海、广东、天津等地的学生既可以报专科所在省份的本科院校，又可以报生源地的本科院校。另外，江苏、安徽、河北等地实行跨省联合培养专升本的政策，考生可以跨省报考。

不是所有的本科学校都接收专升本的同学。比如 985 高校和 211 高校基本不接收专升本的同学。当然，接收专升本同学的院校中也有一些不错的院校，如"双一流"院校中的南京邮电大学、上海中医药大学等。整体来讲，接收专升本同学的院校多为普通公办本科和民办本科院校。

在大多数情况下，考生专升本选择专业时，只能选择与专科专业相同或相近的专业，但在广东、安徽等地考生可以跨专业报考，不限制专科所学专业；也有地区限制非常严格，如北京，实行对口专业制，考生不能选择本科的学校和专业，只能由北京市进行分配。

关于专升本的考试时间各个省份的规定均不相同，但基本集中在大三下学期的 3—5 月，报名时间提前 1 ~ 2 个月，集中在大三下学期的 1—4 月。

考试内容一般分为公共课和专业课两个部分，公共课可能会包括英语、政治、语文、数学、计算机基础等，专业课一般由招生院校自主命题，根据专业需要设置。

需要注意的是，统招专升本并不是国家统一组织的考试，而是由各省自行组织，每个省之间的政策差距较大，想要专升本的同学一定要先去查询自己省份的政策，再选择报考志愿，安排复习进度。

下篇　就业

第五章

校招

2025年全国普通高校毕业生规模预计达到1222万人[①]，其中绝大多数同学会通过校招进入企业。选择公务员单位、事业单位、考研、留学的同学加起来，只是进企业同学数量的零头。

在本章中，我会针对绝大多数同学都会选择的校招进行介绍，帮助大家深入了解企业校招的招聘情况和招聘流程，更好地做出规划。

---

① 黄超.2025届高校毕业生预计达1222万人[N].人民日报，2024-11-15（7）.

第一节

校招就是去学校招聘吗

校招，全称"校园招聘"。很多人一听"校招"，就想当然地认为校招就是企业去学校里招聘。很多同学也一直在学校里等企业来招聘，等来等去却发现，很多想应聘的企业根本没有来学校招聘，来招聘的那些企业也不是什么理想的企业。这种现象在普通院校里尤为明显。

1. 校招与社招

关于校招，大家最容易出现的一个误区：校招就是企业去学校里进行招聘。实际上，校招不是企业去学校里招聘，而是指企业针对大学应届毕业生进行的招聘。与之相对应的是社招，即社会招聘，是指企业面向社会所有符合要求的人员进行的招聘。

校招与社招最主要的区别是招聘对象不同。校招的招聘对象是应届毕业生，社招则不限毕业年限。

除了这个区别，校招和社招的入职时间也不同。通过社招成功应聘的人员，企业一般希望他能尽快入职，一般不超过 1 个月；通过校招成功应聘的人员，不管何时应聘成功，一般都是毕业后再去上班。比如，2025 年 6 月毕业的同学在 2024 年 9 月就通过笔试、面试，和企业签订了入职相关协议，该同学只需在

2025 年 7 月入职即可。

　　另外，少部分特别好的企业，如中国烟草、国家电网、中国石油等，除了对极少数的高层次人才会进行社招，大部分员工都是通过校招进入企业。这里要特别说明的是，只有少部分特别好的企业以校招为主，铁路局、东风汽车、国家能源集团等很多头部企业也会有较多的社招名额。

　　整体来说，相对于社招，校招进入好企业的概率更大，所以大家一定要重视校招。

2. 校招投简历的主要渠道

　　目前，校招投简历的渠道主要有 5 个，分别是宣讲会现场投递、招聘会现场投递、官网投递、电子邮件投递和求职软件投递。

　　（1）宣讲会现场投递。宣讲会一般由 1 家企业组织，时间为 1 ~ 2 小时，现场会详细介绍企业的文化、产品和招聘政策等。宣讲会结束后，有些企业会现场收简历，甚至现场安排笔试、面试；但有不少企业现场不收简历，只是做宣传。很多大企业都会召开宣讲会，但只会在全国主要城市的重点院校举办，在绝大多数高校都不会举办宣讲会。

　　以国家电网直属单位（包括国网国际发展有限公司、中国电力科学研究院有限公司、南瑞集团有限公司等）2025 年校招的宣讲会行程为例，2025 年秋招国家电网直属单位共计前往 19 所高校进行了宣讲[①]，具体名单见表 5–1。

---

① 详见国家电网有限公司官网于 2024 年 9 月 26 日发布的通知《国家电网有限公司直属单位 2025 年校园招聘宣讲会安排》。

表 5-1　2025 年秋招国家电网直属单位高校宣讲会

线路	序号	时间	站点	高校	宣讲时间	宣讲地点
南线	1	10 月 9 日（周三）	武汉站	华中科技大学	9:30	主校区电气大楼 B205 报告厅
	2	10 月 10 日（周四）		武汉大学	9:30	主校区电气与自动化学院报告厅
	3	10 月 11 日（周五）	宜昌站	三峡大学	9:30	图书馆二楼屈原报告厅
	4	10 月 13 日（周日）	长沙站	湖南大学	9:30	南校区逸夫楼报告厅
	5			长沙理工大学	14:30	金盆岭校区五教大礼堂
	6	10 月 15 日（周二）	杭州站	浙江大学	9:30	玉泉校区永谦活动中心二楼排练厅
	7	10 月 17 日（周四）	上海站	上海交通大学	9:30	闵行校区学生中心大楼 D200 多功能厅
	8			上海电力大学	14:30	杨浦校区行政中心 1 楼报告厅
	9	10 月 19 日（周六）	南京站	东南大学	9:30	四牌楼校区逸夫科技馆报告厅
	10	10 月 20 日（周日）		南京大学	9:30	仙林校区地科楼报告厅
	11	10 月 22 日（周二）	重庆站	重庆大学	9:30	A 区六楼 6117 会议室
	12	10 月 24 日（周四）	成都站	四川大学	9:30	望江校区基础教学楼 C202
北线	1	9 月 27 日（周五）	北京站	北京交通大学	14:30	九教中 101
	2	10 月 9 日（周三）		清华大学	9:30	职业发展中心华为多功能厅
	3	10 月 10 日（周四）		华北电力大学（北京）	9:30	主楼礼堂
	4	10 月 12 日（周六）	天津站	天津大学	9:30	卫津路校区天南楼 C4 报告厅
	5	10 月 14 日（周一）	西安站	西安交通大学	9:30	创新港校区躬行楼 2 层 3-2032 报告厅
	6	10 月 16 日（周三）	哈尔滨站	哈尔滨工业大学	9:30	一校区活动中心楼 214 报告厅
	7	10 月 18 日（周五）	吉林站	东北电力大学	10:00	大学生活动中心一楼报告厅

　　一些规模略小的企业，在全国只会选取 3 ~ 5 所高校进行现场宣讲，宣讲行程更少。如果某企业在某高校召开宣讲会，就说明该校是它的重点招聘院校，该校毕业生被录取的概率较大。

　　（2）招聘会现场投递。招聘会也叫"双选会"，参会企业数量一般有几百家，没有什么宣传环节，大多是每家企业一个招聘摊位，求职者现场咨询招聘政策，挑选感兴趣的企业投递简历。如果企业有意向，很可能在现场安排面试，也可能留待后续安排。

　　每年各地政府和各大高校都会举办多场招聘会，企业根据自身需要选择性参加，现场也会有少数知名企业。我强烈建议大家去现场参加，可以一次性投递大量企业，求职成功的概率较大。

　　以上介绍的宣讲会相当于企业招聘专场，大型企业多采取这种形式；招聘会相当于"招聘市集"，参会的中小企业较多。这两种招聘是目前校招线下招聘的主要形式。

　　需要注意的是，有些企业虽然每年都会去各大高校召开宣讲会或参加各种招聘会，但我国的本科院校有 1365 所[①]，仅 985 高校就有 39 所，遍布全国各地，企业根本没有时间全部去现场招聘。

　　企业进行现场招聘的只能是少数高校，所以校招特别考验同学们的信息收集能力，大家一定要多多收集各高校的宣讲会、招聘会信息，只要招聘现场收简历，就尽量争取现场参加。

　　有些同学担心前往其他高校的招聘会投递简历，安保部门会阻止非本校学生入内。实际上，各大学的管控政策不同，有些大学是开放式的，可以随便进入；有些大学虽然不是开放式的，但外校人员可以刷身份证进入；还有一些大

---

① 详见中华人民共和国教育部官网于 2025 年 6 月 27 日发布的《全国高等学校名单》。

学，外校人员可以通过提前预约进入。学校召开大型招聘会期间，很多学校也会允许外校的同学参会并投递简历。

更多同学担心的是："如果我去一所名校的招聘会投递简历，企业会不会拒收非名校毕业生的简历？"不可否认，的确有可能出现这种情况，但肯定不是所有的企业都这样。企业去名校招聘，不会只面向名校毕业生，肯定会有部分岗位开放给普通院校的同学。例如，中国移动校招时，既有招聘要求较高的研发岗，也有招聘要求较低的销售岗。所以，建议普通院校毕业生去更好的院校参加现场招聘会，会有一定的录取机会。

除了现场投简历，线上投递也很重要。

目前的发展趋势是，越来越多的企业倾向于让求职者进行线上投递，因为线上投递可以录入系统，方便企业通过设置一定的筛选条件找到合适的简历，这比线下逐一审阅简历方便得多。比如，某公司要求应聘者具有大学英语四级证书，线上投简历，只需设置一个筛选条件，那么所有通过大学英语四级的应聘者几秒就能被筛选出来。如果是线下投递的纸质简历，公司相关工作人员只能逐一筛选，不仅浪费时间，还特别容易看漏。

（3）官网投递。现在有很多企业即使去学校召开宣讲会，也只是介绍企业的校招政策，现场不收简历，而是要求同学们线上投递。例如，中国农业发展银行、中国石油等企业明确规定：网上报名为本次招聘的唯一报名方式。

还有很多大企业根本没有宣讲会，只在线上开放报名渠道，如中国烟草。以云南中烟工业有限责任公司2025年校招为例，2025年云南中烟工业的报名时间是1月24日—2月14日。[①]这段时间，各个学校都在放寒假，云南中烟

---

① 详见国家烟草专卖局官网于2025年1月23日发布的通知《云南中烟工业有限责任公司2025年毕业生招聘公告》。

工业没有前往任何高校进行现场招聘，而且在招聘公告中特别注明：仅接受网络报名，不接受现场报名。

目前，大型企业线上投递简历的渠道基本都是企业官网或官方公众号。比如，某同学 2025 年想应聘中国电信的相关岗位，那么他要关注"中国电信校园招聘"公众号，根据该公众号发布的报名要求，前往"中国电信 2025 校园招聘"网站填写报名信息；另一个同学想应聘国家电网的相关岗位，那么他需要关注"国家电网有限公司人力资源招聘平台"网站，以此获取招聘公告，进行报名。

（4）电子邮件投递。有些公司招聘的人数少，没有专门的招聘网站，有可能会通过电子邮箱接收简历进行招聘，想应聘的同学可以直接发送简历到公司负责招聘人员的电子邮箱。

（5）求职软件投递。一些企业会直接通过国聘、智联招聘、BOSS 直聘、前程无忧等招聘软件进行招聘，同学们可以登录这些招聘软件投递简历。

以上 3 种线上投递简历的方式中，官网投递优于电子邮件投递，电子邮件投递优于求职软件投递。目前，大型企业校招基本都会采用官网投递，大型企业的子公司独立招聘时会采用官网投递或电子邮件投递，而求职软件投递只能算是一个补充渠道，多为中小企业校招或社招。

最后要提醒大家的是，线下投递和线上投递同等重要，只参加现场的宣讲会、招聘会，会错过大量企业的招聘；只通过线上投递虽然可以覆盖所有企业，但有些企业会更倾向于招收现场投递简历的应聘者。所以，要想校招投得好，这两种方式缺一不可。

第二节

应届生身份有几年

前文讲到公务员单位和事业单位招录要求中的应届生身份，相信大家已经对应届生身份有了初步的认识。在本节，我们来聊聊企业对应届生身份的界定标准。

各大企业的校招对国内高校毕业生和留学生的应届生身份界定明显不同，所以我分两个板块介绍。

1. 国内高校毕业生

国内高校毕业生的应届生身份很好界定，只要没毕业都算应届生。极少数同学是在 12 月毕业，在这种情况下，应届生身份可以持续到第二年的 6 月。

没毕业的同学在大四 / 研三这一年参加秋招和春招，是所有用人单位都能应聘的；只要一毕业，能应聘的用人单位数量就会锐减。

下面这组数据是我基于本人课程学员配套的"校招信息汇总表"统计得出的，包含了 2024 年 9 月 1 日—11 月 30 日期间绝大多数秋招企业，供大家参考。

2024 年 9 月 1 日—11 月 30 日，有 5957 家企业（含央国企、私企、外企）发布秋招公告。其中，所有企业都招聘 2025 届的毕业生；只有 898 家企业招聘 2024 届的毕业生，占比 15%；只有 67 家企业招聘 2023 届的毕业生，占比 1%（见表 5-2）。[①]

表 5-2 2024 年企业秋招接受的毕业时间统计表

毕业时间	企业数量（个）	占比
2025 届	5957	100%
2024 届	898	15%
2023 届	67	1%

国家电网、中核集团、中国邮政等很多知名企业，只招聘当年毕业的应届生。所以，想参加校招的同学，应尽量在毕业前找到工作。如果毕业后再找，难度明显提高。

2. 留学生

很多企业在招聘留学生时会直接规定留学生的毕业时间，但每家企业的规定不尽相同。接下来，我举几个 2024 年秋招企业（招聘的是 2025 届毕业生）的典型案例，供大家参考。

（1）中国农业发展银行：境外院校毕业生须在 2024 年 7 月 1 日—2025 年 7 月 31 日间毕业（以教育部学历学位认证的学位获得时间为准），并能够在 2025 年 7 月 31 日前获得教育部学历学位认证。[②]

（2）中国石化：回国（境）后初次就业且具有教育部留学服务中心派遣资格的国（境）外留学生，毕业时间在 2024 年 1 月 1 日—2025 年 12 月 31 日期

---

① 基于 2024 年 9 月 1 日—11 月 30 日期间 5957 家企业的秋招公告对应届生毕业时间的要求统计所得。
② 详见中国农业发展银行于 2024 年 9 月 12 日发布的通知《中国农业发展银行 2025 年度校园招聘公告》。

间，且报到时取得教育部国（境）外学历学位认证证书。[①]

（3）中国银行：境外院校应届毕业生，应在 2024 年 1 月 1 日—2025 年 7 月 31 日期间毕业且为初次就业，并能够在 2025 年 7 月 31 日前获得学历（学位）证书原件，可开始全职工作。入职前，应取得教育部留学服务中心出具的学历学位认证。[②]

（4）国家电网（上海）：应聘的国（境）外院校留学生一般应在 2024 年 7 月 1 日—2025 年 6 月 30 日期间毕业，并于 2025 年 8 月 31 日前取得教育部留学服务中心出具的国外学历学位认证书且须为硕士及以上研究生。[③]

各企业对于留学生的毕业时间要求不尽相同，但大多数企业以 7 月 31 日为分界线，7 月 31 日前毕业并获得学历认证的留学生属于当年的应届生，7 月 31 日后毕业并获得学历认证的留学生属于下一年的应届生。

比如，某留学生的毕业证时间是 2024 年 8 月 1 日—2025 年 7 月 31 日，并于 2025 年 7 月 31 日之前获得教育部留学服务中心国外学历学位认证，那么该同学属于 2025 届毕业生，应该参加的是 2024 年秋招和 2025 年春招。

也有部分企业考虑到留学生在国外找国内的工作不方便，会留半年的缓冲时间。比如，上文提到的中国银行，2024 年 1 月 1 日—2024 年 7 月 31 日期间毕业的留学生应该属于 2024 届，但是也可以像 2025 届毕业生一样参加 2024 年秋招。

毕业时间在上半年的留学生找工作不太方便，很多同学无法回国参加前一年的秋招。如果留学的院校可以选择毕业时间，大家尽量把毕业时间放在 7 月

[①] 详见中国石化集团于 2024 年 9 月 3 日发布的通知《中国石化 2025 年度毕业生招聘公告》。

[②] 详见中国银行官网"招聘公告"板块发布的《中国银行股份有限公司 2025 年全球校园招聘公告》。

[③] 详见国家电网有限公司招聘平台于 2024 年 11 月 18 日发布的《国网上海市电力公司 2025 年高校毕业生招聘公告（第一批）》。

31 日之后，这样可以更从容地参加秋招。

　　要特别提示的是，很多外企对应届生身份的要求更为宽泛。比如，宝洁、欧莱雅等企业将毕业两年内的同学完全等同于应届生进行招聘，甚至还有企业规定缴纳过社保也不影响应届生身份，只要毕业时间在两年内都可以参加校招。

第三节

什么时候开始参加校招

"难道不是应该毕业后拿到毕业证，再开始参加校招吗？"

我坚持直播到现在将近 3 年，每天晚上最少连麦 10 人，每隔一段时间，就能遇到一位完全不懂校招的同学或家长，认为校招是毕业了拿着毕业证去参加的。

看完上一节对应届生身份的介绍，大家肯定知道上面的说法是错误的，校招应该在毕业前参加，主要是秋招和春招。但这远远不够，校招到底有几次机会？时间安排是怎样的呢？

接下来，我将按照时间顺序依次介绍一下校招的各个主要环节。

1. 可转正暑期实习

在大三 / 研二结束后的暑假，很多企业会专门招聘应届生参与企业的暑期实习项目，这里的应届生是指一年后毕业的同学，而不是刚刚毕业的同学。比如，2025 年 7—8 月暑期实习生招聘的是 2026 年 6 月毕业的同学。

暑期实习项目是企业为了挑选"好苗子"而专门设置的，它的实习时间一般较短，很多企业的实习期是 1 ~ 2 个月，主要目的是通过暑期的工作表现提前筛选优秀的同学。

在暑期实习项目中表现优异的同学可以获得转正机会，而不用参加秋招，很多企业的实习生转正率都在 50% 以上，甚至有些企业实习生的转正率能达到 90% 以上，如各种互联网大厂、外企和少数央国企。

另外，有些企业的实习生虽然不能直接转正，但可以获得秋招免面试的机会，只需通过简历筛选和笔试，无须参加面试，即可应聘成功；或者无须参加笔试和一面、二面，直接参加最后一轮的面试，面试通过即可应聘成功，如各大国有银行、中国联通等央国企。

可以说，能申请到暑期实习项目，就是一条腿迈进了职场的大门。

暑期实习项目的实习时间一般都是暑假，但申请时间每家企业均不相同，最早的企业会在前一年的 12 月就开放申请。比如，麦肯锡公司 2025 年 7—8 月的暑期实习生，招聘的是 2026 年毕业的同学，申请时间是 2024 年 12 月 16 日—2025 年 1 月 12 日。[①]

当然，不是所有企业的实习岗位都要这么早申请，大量的暑期实习项目会在 3—6 月开放申请，经过简历投递、笔试、面试等一系列考核，全部通过方可入选。感兴趣的同学要从毕业前一年半的 12 月开始关注。

暑期实习项目的要求一般较高，我建议名校或在校表现优异的普通院校同学申请。也有一些暑期实习项目会同时招聘基层岗位，如某些银行在暑期实习项目中会招聘柜员、客户经理等，报名门槛较低。

这几年，除了暑期实习项目，还有来回路费、食宿全包的校招夏令营，中联重科、中核集团、中国电科等很多企业都会开展类似项目，其根本目的也是筛选优秀的同学。

---

① 详见微信公众号"麦肯锡招聘"于 2024 年 12 月 16 日的发文《麦肯锡中国 2025 年暑期实习生招募启动！》。

不同于暑期实习项目需要在企业实习 1 ~ 2 个月，校招夏令营一般为期 2 ~ 7 天。其间，企业会安排讲座、参观、面试等一系列活动，表现优异的同学将直接签订聘用协议。

2. 校招提前批

暑期实习项目开始后不久，校招提前批也会开始招聘，时间一般在 3—6 月，也有一些企业是在 7—8 月开始的，但肯定都在企业秋招之前。我 2025 年毕业的学员，最早的在 2024 年 5 月就拿到了录用意向书，参加的就是校招提前批。

什么是校招提前批呢？与暑期实习项目类似，校招提前批也是企业为了挑选"好苗子"而提前开放的校招。校招提前批被录取与秋招被录取的同学都是正式员工，没有区别，也一样需要经历投简历、笔试、面试等一系列考核，全部通过方可入选。

一般来讲，校招提前批都是知名企业的热门岗位，很多企业会把最核心的岗位放在提前批进行招聘，希望提前"抢"到优秀的同学。

以中核集团的校招提前批为例，中核集团 2026 届校招提前批在 2025 年 5 月 21 日开启（秋招约为 9 月），提前批应聘成功的同学年薪 30 万 ~ 60 万元，优秀者上不封顶，还会配备集团公司首席科学家、科技带头人或科研技术水平相当的专家担任导师，在参加重大项目、承担科研课题、配备青年团队、配备自主科研经费、晋升职称等方面优先考虑；招聘涵盖理工类、文科类、管理类等专业的本科及以上同学。[1]

---

[1] 参见微信公众号"中核招聘"于 2025 年 5 月 21 日的发文《中核集团 2026 届提前批校招正式启航！》。

3. 秋招

秋招虽然不是校招的第一站，但仍然是最大规模的校招，所有参加校招的企业一定会有秋招。以前我们总说秋招是"金九银十"，实际上秋招的时间也越来越早，有的企业最早在 5 月就会开始秋招，6—7 月会有近千家企业开放秋招，一般 8—10 月为秋招高峰期，校招企业最多，随后秋招企业渐渐减少。

从 5 月底开始，基本上每天都会有企业启动秋招，报名时间一般持续 1 个月，有些报名时间短的企业甚至只有 7 天，所以，同学们从 5 月底开始就需要关注秋招了。有些同学想从 9 月再开始关注，这时就会错过 5—8 月开始秋招的企业。

除了网上报名，各企业也会前往各个学校召开宣讲会和招聘会，我们在前文强调过，一定要线上线下同时报名，理由不再赘述，想参加秋招的同学一定要牢记于心。

每年秋招的岗位数量最多，是最容易成功应聘的一次校招，顺利的话，会在 9 月收到录用意向书；也有很多同学要等到 12 月甚至第二年的 1 月才能收到录用意向书，或者秋招没有应聘成功，转而参加春招。

4. 秋招补录

有一些企业在秋招时原定的招聘计划没有招满，会在秋招结束后进行一轮秋招补录，时间一般在 10 月至第二年的 1 月。

秋招补录的招聘门槛相对秋招稍低，招聘流程有可能会缩短。比如，只需投简历，面试通过即可录取，无须笔试。整体来讲，秋招补录的规模较小，而且要看秋招的招聘情况，也有可能根本没有秋招补录。

有些同学好奇：秋招补录还需要再次投递简历吗？

每家企业的规定不同，有些企业需要重新投递简历，有些企业则无须重新投递简历，而是直接从被淘汰的同学中挑选相对优秀的同学再继续安排笔试、面试流程，应聘者通过考核方可被录取。

近两年，秋招补录也出现了很多"变体"。比如，招商银行没有秋招补录，但是会在秋招和春招之间加入一轮"冬季招聘"；格力电器会在秋招和春招之间再来一轮"春节招聘"。

5. 春招

春招的时间也不再是"金三银四"，有的企业最早会在 12 月就开始春招。秋招和春招之间没有明显的分界线，往往很多企业还在秋招，有些企业的春招就开始了，春招的高峰期一般在 2—4 月。

春招的规模明显小于秋招，很多热门岗位到春招时所剩无几。比如，很多央国企的总部在秋招时已经完成招聘工作，春招几乎没有什么名额，所以有人也管春招叫作"秋招的补录"。

春招时，会有一大批考公、考研的同学考完试，参与校招的竞争，因此竞争较为激烈。很多企业会提高招聘门槛，但是也不排除有些企业的秋招结果不理想，到春招时反而会降低招聘门槛。

6. 春招补录

与秋招补录一样，春招招聘不理想的企业会在春招结束后的 4—6 月再来一轮春招补录，但规模较小，且多数企业没有。

7. 夏招

夏招是一个新事物，这几年才开始兴起。其初衷是促进高校毕业生就业，所以在春招结束后又增加了一轮夏季招聘，招聘流程与其他招聘相同，时间一般在 6—8 月。目前，基本上只有央国企会开展夏招，私企和外企都没有，而且规模很小。

总的来讲，校招是一场只要开始就没有中场休息的战斗。在校招中，大家会看到秋招、春招、夏招、冬招、提前批等名目众多的招聘，几乎每天都有企业发布招聘公告，应聘者每天都可以投递简历，直到求职成功或毕业为止。

一般来讲，参加校招的时间越早，机会越多且越好。符合条件的同学应从可转正暑期实习开始参加，早做规划。

第四节

校招的报考流程

上一节我们讲到了校招的报名时间，有些企业在同学们毕业前一年半就开始了可转正暑期实习的招聘，提前 1 年左右就启动了招聘规模最大的秋招。对毕业生来讲，如何报考校招呢？接下来，我将按照时间顺序讲解一下校招的报考流程。

1. 寻找校招信息

在本章的第一节，我们提到校招报名中，线下最重要的渠道是宣讲会和招聘会，线上最重要的渠道是企业官网和电子邮箱。可是，这些信息要去哪里找呢？

很多不懂校招的同学只会通过国聘、智联招聘等求职软件去找，但在这些软件上，不仅找不到宣讲会、招聘会的信息，而且找不到大型企业的校招信息。其实，真正有用的网站是各个学校的就业信息网。

每所学校都有自己的就业信息网，它们虽然名字不同，如南开大学的叫"南开大学学生就业指导中心"，中山大学的叫"中山大学就业信息网"，南京大学的叫"南京大学南星点亮系统"，但直接搜索"学校名称 + 就业信息网"基本都可以找到。

在各大高校的就业信息网上，我们可以找到两类信息，第一类信息是该校的宣讲会、招聘会日程安排，哪天会有哪些企业在哪个地点举办宣讲会或招聘会，这些信息会提前在就业信息网上发布。

我们一方面要关注自己学校的就业信息网，参加在自己学校举行的现场招聘会；另一方面要关注一些距离较近学校的就业信息网，参加在其他学校举行的现场招聘会。

第二类信息是一些企业的校招信息。各大高校的就业信息网会收集一些企业发布的校招信息，同学们可以直接通过公告里注明的报名渠道线上报名。

要特别提示异地就业的同学，尽量看当地学校的就业信息网，能得到更多本地企业的招聘信息。比如某同学家是山东的，在广东读的大学，但是想回山东就业，这时要多看山东高校的就业信息网，尽量回山东参加学校的现场招聘会，这样可以找到更多山东的企业。这是因为企业一般倾向于在企业所在地进行宣讲招聘，招聘对象更容易符合企业的要求。

2. 投递简历

考研和考公只要报名成功，就一定能参加笔试，很多同学还以这样的思维惯性参加校招，一开始就准备笔试，最后却发现连笔试资格都没有。

校招不是简历投递成功了就能参加笔试，简历筛选这个环节的平均通过率只有20%，大部分同学在这个环节就被淘汰了。所以，我一直强调，要想校招成功，最重要的是多多投递简历。

简历筛选环节一般会设置两道关卡，第一道关卡是硬性条件限制，这在招聘公告中一般都会明确写出来。比如，国家电网对大部分地区应聘者的要求是：本科生必须通过大学英语四级，硕士研究生必须通过大学英语六级；所有应聘者必须通过计算机二级；本科生年龄不得超过 25 周岁，硕士研究生不得超过 28 周岁。不符合以上条件的应聘者无法获得笔试资格。

第二道关卡是软性条件要求，一般不会明确写出来，企业会自行筛选。比如，虽然各大企业没有硬性要求应聘者必须有实习经历，但有实习经历的应聘者简历通过率明显比没有实习经历的应聘者高很多；虽然各大企业没有硬性要求应聘者必须参加学科竞赛并获得奖项，但是获得比赛奖项的应聘者简历通过率明显高于没有获得奖项的应聘者。

一般来讲，名校、奖学金、实习经历、比赛奖项、项目经历、专业证书等可以写到简历上的板块都会提高简历通过率，企业的网申系统像一个打分系统，会根据应聘者每个板块的表现进行打分，最后筛选综合实力强的应聘者进入笔试环节。

3. 笔试

关于笔试，最大的误区是认为校招的笔试像公务员一样考《行测》和《申论》。实际上，绝大多数央国企和私企都会考《行测》，但只有极少数的企业会考《申论》。外企一般会采用外资题库，不考《行测》。校招考的《行测》内容要比公务员考试考得少。比如，很多企业都不考常识判断，难度也会比公务员考试低。

另外，因为每家企业都是自主命题，所以除了《行测》，考试的内容五花八门。比如，中国银行考的是《行测》+《英语》+《综合知识》(包含金融知识、计算机基础等)，中国石油考的是《行测》+《思想素质》(包含时事热点、企业文化等)。

一般来讲，笔试内容会涉及《行测》《性格测试》《申论》《英语》《行业知识》《企业文化》《专业知识》等板块，每家企业自主命题。

企业笔试不像公务员考试那么难，必须考到前三或前五名才能进入面试环节，一般考到企业划定的及格线就可以进入面试环节。比如 2024 年秋招，国家电网在很多地区的进面分数都是 50 多分（满分 100 分）。

笔试通过后，绝大多数企业就不会再看笔试成绩了，仅通过面试表现决定应聘者的去留。也有个别企业，如国家电网、中国烟草等会折合笔试和面试的综合成绩决定录用人选。

一些大型央企的笔试多为线下机考，需要应聘者前往报考省份的考点在电脑上答题，其他绝大多数企业的笔试为线上笔试，应聘者只需在自己的电脑上答题即可。

4. 面试

最常见的校招面试有 3 轮，每轮面试都会淘汰一部分应聘者，只有通过最终面试的应聘者才会进入下一环节。也有部分企业只有一轮面试或者高达 7 轮面试。

面试的形式五花八门，常见的有 AI 面试、无领导小组面试、结构化面试、个人汇报等。面试一般没有固定的题目，均由面试官根据应聘者的情况随机提问。

面试一般考查以下 3 个方面：①岗位匹配度，即是否具有岗位需要的技能；②个人稳定性，即应聘意愿强弱和未来工作的稳定性；③发展潜力，即个人价值观和综合素质。

5. 体检

所有面试全部通过后，央国企一般会安排应聘者去体检。央国企没有专门的体检标准，一般会参照公务员的体检标准执行。私企和外企一般会在面试结束后直接发放录用意向书，等到应聘者入职前再进行体检，体检标准较为宽松。

这几年出现了一种新的体检形式，叫作"差额体检"，很多银行会采用这种形式。

什么是差额体检呢？举个例子，某公司原计划录用 30 人，但会让 50 位应聘者参加体检，其中有 20 位应聘者就是"替补队员"。如果排名前 30 的应聘者全部体检通过并顺利签约，那么排名后 20 的应聘者即使体检通过，也不能被录用。具体的差额体检比例因公司而异，一般在 1∶2 ~ 1∶1.1 之间。

体检一般需要前往企业指定的医院，绝大多数应聘者都能顺利通过。

6. 发放录用意向书

录用意向书又称"offer"，是企业向即将被录取的应聘者发出的一种书面文件，上面会写明录用的企业、岗位、待遇等内容，一般通过电子邮件的形式发送，但也存在微信通知或口头通知的情况。

只要企业发了录用意向书，基本上就不会再有什么变动了；应聘者满意就签订三方协议，不满意可以拒绝，再继续向其他企业投递简历。

7. 三方协议

企业发放录用意向书，对企业提供的岗位和待遇满意的同学会与企业签订三方协议。三方协议由学校、同学、企业三方共同签订，具有法律效力。关于录用意向书和三方协议，我会在后面的章节详细介绍，这里不再赘述。

以上就是校招应聘的全部流程。

最后，特别提示两点：①通过校招进入央国企，除了极少数特别敏感的岗位，如人力、党建等，一般都没有政审环节；②家长如果想在校招时帮助孩子减轻一些负担，可以直接帮助孩子寻找校招信息和投递简历。

第五节

如何提前规划校招

校招与考公、考研在流程上最大的不同是，开展校招的企业需要先筛选简历，通过简历筛选的同学才有资格参加笔试和面试。所以，想提前规划校招的同学面临的重要问题是：如何写出一份有说服力的简历？

更准确地说，简历并不是写出来的，而是做出来的，如果大学前几年什么事情都没做，等到找工作再写简历时就会无从下手。比如，没有考取大学英语四级证书，写简历时，就不能把获得大学英语四级证书写上去；从来没实习过，写简历时，就无法编造出一段实习经历。

虽然简历会有很多包装技巧，但巧妇难为无米之炊，没有获得相关奖项或参加实习的同学再怎么包装，也拼不过实习、比赛等经历丰富的同学。

现在的情况是，很多同学不到毕业找工作的那一刻，往往意识不到自己应该提前做点什么。很多人都是在毕业找工作写简历时追悔莫及，后悔自己在大学期间没有早做准备。

我带同学们找工作时发现了一个好用的方法，就是"以终为始"：假设我现在需要找一份工作，我从现在开始就写求职简历，通过简历上缺少的东西倒推我的大学生活要如何规划。

很多同学一写简历，发现自己什么都没有，心就慌了。我也是这样，在大二时，一位学姐提醒我可以提前找单位实习，这对未来找工作很有帮助。但找实习需要简历，我一写简历，才真正认识到原来自己连一段有含金量的经历都没有。

我大二写的简历上，只有一堆社团、学生会干事的经历，没有通过大学英语四级考试，没有实习经历，没有比赛经历，可以说没有一段能拿得出手的经历。我心想，照这样下去肯定找不到工作，于是我从大二开始去找实习、考证书，做各种事情，为就业做准备。

那么，大学期间我们需要提前为就业做哪些准备呢？

首先，基础证书的准备。

所有想应聘央国企的同学，本科生需要考取大学英语四级证书，硕士研究生需要考取大学英语六级证书，留学生可以通过参加雅思、托福等考试，达到大学英语四、六级同等水平，也会被企业认可。很多头部央国企严格要求应聘者必须取得大学英语四、六级证书，如果没有，就不能报名。

对于计算机二级证书要求的企业较少，我目前看到国家电网各地区对此均有要求，中国大唐集团部分地区对此有要求；还有一些企业，如银行等，虽然不会在公告中明确要求应聘者具有该证书，但应聘者在网申时需要填写计算机水平，是否获得相应证书。所以，想报央国企的同学应尽量提前考取计算机二级证书，只想报私企的同学可以不考。

专业证书，如初级会计师资格证、英语专业四级证书等，本专业就业认可度高的证书会在就业时有很大的加分作用。不过，也不是所有证书都有用，很多同学总认为"证多不压身"，实际上大部分证书都没有用，我在后面的章节会详细介绍这个问题。

其次，要考虑如何在简历上增加"加分项"。我在直播时经常讲一句话：

"如果你只做和别人一样的事情，找工作时，你就是一个平平无奇的毕业生；只有比别人多做的部分，才是你的核心竞争力。"

什么经历算是加分项呢？

与之前我们讲的事业单位备考的方法论相同，企业永远喜欢"好学生"。学习成绩好，获得过一些奖学金的同学，在应聘企业时肯定会加分。但个人能力不仅包括学习能力，还包括实践能力、沟通能力等。

目前企业的招聘中，对于管理类、经济类、文学类等注重实践的专业，非常看重实习经历，甚至有很多企业，如金融企业中的证券公司，大部分校招都是通过实习转正的方式招聘人才，秋招的招聘名额很少。

理工类专业的同学，除了实习可以提升工作技能，还可以通过参加一些实战型比赛提升个人能力。比如，计算机专业的同学参加中国大学生计算机设计大赛，机械专业的同学参加全国大学生机械创新设计大赛，如果能在比赛中获得奖项就是很好的专业能力证明。除了比赛，很多学校还会有各种专业项目供学生报名参加，也会有比较大的加分作用。

不管同学们学的什么专业，按照一个大的指导原则规划就业加分项，基本不会出错：应聘岗位看重实践能力就多实习，看重专业能力就多做项目。

不管你所学的专业是哪类，只要你想应聘的是职能管理类，如行政、人力、财务、市场、采购等岗位，在大学期间就要多多实习。我一般建议，本科生在大四前规划3段及以上实习，硕士研究生在研三前规划5段及以上实习。相对来说，拥有3段以上实习经历，找工作时会更有竞争力。

有些理工类专业的同学想应聘的是专业技术岗，如软件开发、新药研发、金融科技等，那么这类同学在大学期间就要多做项目。这里的项目是指什么呢？

项目往往会针对一个专业问题展开研究，锻炼的是在专业领域解决问题的能力。比如：我是硕士研究生，我的导师给了我一个科研课题，让我做研究；我是本科生，我开发了一个软件应用程序，用来参加计算机设计大赛；我找了一个实习岗位，并在实习期间参与了某某公司新产品的研发。这些都可以算是项目。

想应聘专业技术岗的同学，本科生最好有 3 段及以上的项目经历，研究生最好有 5 段及以上的项目经历，这样找工作时会更有竞争力。

选择实习或项目时，尽量选择与未来就业相关的方向，会更有帮助。比如某同学想从事会计工作，那么尽量找会计岗的实习才会更有帮助；如果想应聘的是会计岗，找的实习却是行政岗，那么这段实习经历的作用就不大。

我强烈建议所有想就业的同学从大一开始，就去求职软件上看看目标岗位的工作内容和招聘要求，把岗位应聘所需的技能、证书、奖项、实习经历提早准备好，这样，毕业找工作时会容易许多。

第六节

录用意向书、三方协议与两方协议的区别

在应聘校招的过程中，我们可能会涉及 3 份文件的签署，分别是录用意向书、三方协议和两方协议。这 3 份文件分别是什么？签的时候要注意什么呢？

1. 录用意向书

多数公司的录用意向书是通过电子邮件的形式发送的，但有些企业可能会发短信、发微信、口头通知，形式不一。

录用意向书具有一定的法律效力，虽然大部分企业都不追究录用意向书的违约责任，但这两年有些企业会在录用意向书上写明违约责任，如果应聘者先接受再无故违约，则需要赔偿违约金。所以，大家在接受录用意向书时一定要注意看有没有违约责任。

虽然录用意向书上会有一些岗位和工资待遇的说明，但不会有太详细的信息。在收到录用意向书后，同学们可以详细询问工作地点、工作环境、五险一金的比例、试用期、加班等各种自己感兴趣的问题。有些同学不敢问，怕问得太多会被企业取消录用，实际上，一般不会发生这样的情况。

我强烈建议同学们在这个环节把自己感兴趣的问题问清楚后再签约，因为一旦接受录用意向书，下一步就是签订三方协议，一旦违约就要承担违约

责任。到时再发现哪里不满意想解约，不仅流程烦琐，还要赔偿违约金。所以，大家一定要问清楚各种自己感兴趣的问题，遇到哪里不满意，早点拒绝会更好。

2. 三方协议

正常来讲，入职企业应该签订的是劳动合同，但是在校招中，大多数同学都是提前半年甚至一年就找到了工作，毕业后才去上班，而且找到工作时也没有取得毕业证，无法办理入职手续。在这种情况下，就出现了三方协议。

三方协议的全称为"全国普通高等学校毕业生就业协议书"，是由学生、企业和学校三方共同签订的一种书面文件，具有一定的法律效力。

三方协议的有效期是从签约之日起至签订劳动合同后结束，相当于签订劳动合同前的一种过渡协议，每个同学只能签订 1 份。它可以保障毕业生和用人单位的权益，让毕业生毕业后有单位可去，也让企业可以提前锁定人才。

三方协议上，除了要填写学生、企业、学校的基本信息，也会写明学生未来就业的岗位、工作地点、待遇、报到时间、试用期、违约金等内容。在这里，我要特别提示以下 4 件事。

（1）违约金一般在 3000 ～ 5000 元，8000 元及以上属于高额违约金。遇到高额违约金时，违约成本较高，企业面临的风险也较高，同学们签约时一定要谨慎。

（2）《中华人民共和国劳动合同法》第十九条规定：劳动合同期限 3 个月以上不满 1 年的，试用期不得超过 1 个月；劳动合同期限 1 年以上不满 3 年的，试用期不得超过 2 个月；3 年以上固定期限和无固定期限的劳动合同，试用期不得超过 6 个月。

（3）有些学校的三方协议上会写明自动解约条款，如考研成功自动解约，不用赔偿违约金等。如果学校的三方协议上没有写明自动解约条款，那么无论学生出于什么原因主动解约都需要赔偿违约金。

（4）与用人单位解约是一种很常见的操作，不会影响信用。

以前的三方协议都需要签署纸质文件，现在很多高校都使用网签系统，直接在线上就可以完成全部签约流程，不用将纸质协议邮来邮去，签约流程更快，解约也更快。

线上签约时，一般由企业发起签约邀请，学生点击接受，学校审核通过签章，企业盖章，签约完成。

解约时，学生需要找企业开具解约函，将解约函上传至网签系统申请解约，企业点击同意后，学校审核，解约完成。

三方协议原则上可以无限次违约，但有些学校会规定三方协议的违约次数和违约时间，同学们要记得提前咨询学校负责就业工作的老师。

要注意的是，现在极少数企业在报名时要求提供空白三方协议。比如铁路局，已经和其他企业签订三方协议的同学根本无法报名。如果同学们有特别想去的企业，一定要提前查看该企业的招聘要求，再决定是否与想作为保底的企业签约。

3. 两方协议

两方协议由企业拟定，签订主体为学生和企业，协议内容与三方协议基本相同。

对国内高校的毕业生来讲，两方协议是在不能签订三方协议时的一种替代方案。比如，很多学生提前一年就找到了工作，但是学校的网签系统还未开放，这时很多企业会选择先签订两方协议，等三方协议可以签时，再签订三方协议。

两方协议上往往会约定，学生要在学校可以签订三方协议的一定时间内与企业签订三方协议。比如，某公司要求学生必须在学校可以签订三方协议的15天内与公司签订三方协议。

留学生没有三方协议，留学生找到工作后，只能和用人单位签订两方协议。

两方协议签订后，无须解约也可以和其他企业再次签约，签约次数没有限制，但两方协议也会约定违约金。所以，我建议大家遇到心仪的企业再签约，不要签约太多企业。

第七节

薪资与五险一金的"猫腻"

在三方协议中，大家最关心的就是薪资待遇问题，企业在这方面出现的"猫腻"往往也最多。如何识别企业的薪资待遇陷阱呢？

一般薪资待遇包括两个方面：一是薪资，是指每月发放的报酬；二是待遇，是指报酬之外的五险一金和节假日福利等。

有两种常见的薪资形式：一种是月薪制，企业会告诉员工每个月的工资是多少；另一种是年薪制，企业不会说月薪，只会说一年总共的薪资是多少。

一般来讲，谈月薪的岗位，薪资较为稳定且不会有较大的差距；谈年薪的岗位，薪资中往往包括年终奖、销售业绩等与个人业绩或企业业绩挂钩的部分，不太稳定，但也不可一概而论。

不管月薪制还是年薪制，我们都需要明确企业的薪资构成。

薪资一般由两个部分构成：第一个部分是无责任底薪，这个部分是每个月一定可以拿到手的，不受任何因素的影响，是确定性的；第二个部分是绩效工资，这部分工资可能会与个人的工作表现、项目数量、企业业绩等因素有关，不一定能够全部拿到手。

所以，大家在和企业谈薪资时需要明确的是：薪资中有多少是无责任底薪，有多少是绩效工资，二者的比例是多少；如果绩效工资占比过高，如超过

40% 甚至 50%，很可能意味着这项工作会有较大的工作压力，要完成某些任务才能拿到全部薪资。

明确了薪资构成后，大家需要问明白的是绩效工资的考核项目和发放比例。比如，某员工有 30% 的工资属于绩效工资，那么这些绩效工资是考核销售业绩、日常工作，还是要看企业整体的盈利水平？如果销售业绩完成了 90%，绩效工资发多少？完成了 110%，绩效工资又发多少？

没入职时，企业一般不会说得特别明确，但靠谱的企业一定会说得让人能听懂。如果企业相关负责人回复得含含糊糊，或者总是转移话题，甚至不耐烦，很可能意味着该工作绩效考核没有明确的规则，或者绩效考核不太透明。

在待遇方面，最需要了解的是社会保险和公积金。其中，社会保险是指养老保险、医疗保险、失业保险、工伤保险和生育保险，也就是我们俗称的"五险"。五险是由国家强制缴纳的，如果遇到不给交五险的企业，我不太建议大家考虑入职该企业。

住房公积金就是我们俗称的"一金"，它不是国家强制缴纳的，由企业自行选择。一般待遇较好的企业会有，而很多中小企业没有。

五险一金的"猫腻"有可能出现在两个地方：缴纳基数和缴纳比例。

缴纳基数是指企业按多少工资给员工缴纳五险一金。正常来讲，应该按照实际工资的相应比例缴纳，但有的企业按照当地规定的最低缴纳基数缴纳。比如，某员工实际月薪为 8000 元，但企业按照 3000 元的基数缴纳五险一金，五险一金的缴纳金额明显减少。

五险的缴纳比例是按照工资的一定百分比进行缴纳的，其中：养老保险基本上全国统一，都是单位缴纳 16%，个人缴纳 8%；根据地区的不同，生育保险一般是单位缴纳 0.5% ~ 1%，个人无须缴纳；根据行业的不同，工伤保险一般是单位缴纳 0.2% ~ 1.9%，个人无须缴纳；根据地区的不同，失业保险一般是单位缴纳 0.5% ~ 1%，个人无须缴纳。

这 4 个保险，每个地区都对缴纳比例有规定，一般不会有什么猫腻。

但各地医疗保险的政策均不相同，有些地区的缴费比例是固定的，如广州市是单位缴纳 4.5%，个人缴纳 2%[①]；有些地区则可以由单位选择不同的档位，如深圳市的职工基本医保分为一档和二档，其中一档是单位缴纳 6%、个人缴纳 2%，二档是单位缴纳 1.5%、个人缴纳 0.5%。[②]

对于公积金，用人单位和个人的缴纳比例是一样的，最容易出现"猫腻"。有些待遇好的用人单位按最高标准（即实际工资的 12%）缴纳，但有些用人单位按当地最低工资的 5% 缴纳，差距比较大。

比如，某员工的实际工资是 1 万元 / 月，当地的最低工资是 2000 元 / 月，按照最高标准，每月单位缴纳实际工资的 12%，即 1200 元，个人缴纳 12%，即 1200 元，加起来每个月是 2400 元；如果按最低标准，单位缴纳最低工资的 5%，即 100 元，个人缴纳 5%，即 100 元，加起来每个月是 200 元。

除了五险一金，有的企业会交六险二金，甚至八险三金。其中，意外伤害保险、重大疾病保险、商业医疗保险等保险在日常生活中用得较少，有含金量的主要是企业年金和补充住房公积金。

企业年金属于补充养老保险，是企业在基础养老保险的基础上，额外为员工缴纳的养老保险，可以让员工在退休后领取更多的退休金。

补充住房公积金很好理解，是企业在原来住房公积金的基础上，额外为员工缴纳的住房公积金，可以有效地减轻员工的购房压力。

---

① 参见国家税务总局广州市税务局网站《关于阶段性降低职工基本医疗保险缴费率的通知》。
② 参见深圳市医疗保障局网站《职工基本医保缴费标准有哪些规定？》。

要注意的是，不管是央国企、私企还是外企，大型企业基本都会足额缴纳五险一金。在这一点上，不管入职哪种类型的大型企业，区别都不大；缴费猫腻主要出现在中小型企业中，大家要注意鉴别。

第六章

央国企、私企与外企

在企业的就业中，央国企、私企和外企经常被拿来做比较，它们之间到底有什么区别？各自有怎样的招聘特点？

在本章中，我会整体介绍企业招聘的具体情况，帮助大家更深入地了解各种类型的企业和它们的招聘特点。

第一节

央国企、私企与外企的区别

"央国企有编制吗？"

"私企是不是爱裁员？"

我在直播间连麦答疑时，经常会碰到大家对企业有"刻板印象"：很多人认为所有央国企的工作都很稳定，私企会经常裁员。

实际上，我国的央国企数量庞大，私企超5700万家[①]，每家企业各有不同。说所有央国企的工作都稳定、私企会经常裁员，这肯定不准确。

央国企、私企与外企之间到底有什么区别？接下来，我会从3个方面讲解它们的异同点。

1. 资本构成

不同企业之间最根本的区别就是资金来源不同，央国企是由国家或地方政府出资设立的，私企是由个人或私人企业出资设立的，外企则是由外国人或外国企业出资设立的。

无法分辨企业类型时，我们可以通过"企查查""天眼查"等软件查询公

---

① 参见经济日报《我国民营企业超5700万家》。

司的股东，通过出资人判断企业类型。

2. 入职身份

有些人认为央国企员工有编制，实际上我只看到极少数央国企下属的研究所没有完全改制，还能给员工解决事业编制，其他央国企入职都是合同工。

其实，不管我们入职的是央国企、私企还是外企，都会签订劳动合同，所谓"合同工"就是企业的正式员工。校招第一次签的劳动合同期限多数为3年。

相较于私企和外企，央国企更稳定一些，但这两年，金融行业和房地产行业不景气，这两个行业的央国企都出现了裁员现象。

3. 校招流程相同

央国企、私企、外企的校招流程基本相同，都需要经过简历筛选、笔试、面试等环节。

不同的是，央国企在发放录用意向书之前会有体检，体检标准较为严格，还有一些企业会采取差额体检，也会通过体检筛选出更符合企业要求的员工；私企、外企一般都是签完三方协议后，要求应聘者在入职前进行体检。一般来讲，只要应聘者没有传染病和其他影响工作的疾病，体检都会通过。

另外，少数头部央国企会在线下组织笔试，多数央国企则会进行线上笔试，私企和外企基本都进行线上笔试。不同企业的笔试内容也会有所不同，我会在后续的章节详细介绍。

除了上述3个异同点，还有两个经常被大家问到的问题。

（1）央国企的工作压力更小吗？

大家认为私企工作压力大，主要源自对互联网大厂的刻板印象；很多员工说他们实行"996"（早上 9 点上班，晚上 9 点下班，1 周工作 6 天），但我国的私企覆盖各个行业，也有不少私企"朝九晚五"按时上下班。

央国企中有不少准时上下班的企业，但很多研究所、金融企业会根据工作需要加班。我们不能简单地说"私企工作压力大、央国企工作压力小"，不能一概而论。

（2）央国企薪资待遇高吗？

一般来讲，对于同等规模企业提供的相似岗位，私企给的薪资待遇要明显高于央国企。

很多家长认为，私企月薪 1 万元比不过央国企月薪 3000 元，因为央国企除工资之外的福利待遇更好。前文提及企业薪资待遇的"猫腻"，大家应该知道，只要是缴纳五险一金的企业，五险基本都是固定的，各种类型的企业之间没有区别，主要区别体现在公积金的缴纳比例上。日常的节假日慰问品价值不高，差距基本可以忽略不计。

整体来看，虽然央国企的福利待遇要高于私企，但不会高太多。在工资差距过大的情况下，不能仅凭企业类型来做选择。

特别需要强调的是，大家千万不要对某类企业有"刻板印象"。央国企、私企、外企，每一种类型的企业都太多了，有些企业符合大家的传统印象，但更多的企业有其独特的企业文化。因为"感觉"某一类企业稳定性、待遇等方面不好，而不去应聘这类企业，是一种非常不理性的求职行为，会大大降低求职的成功率。

第二节

劳务派遣与外包能去吗

不管是央国企、私企还是外企，入职时签订的都是劳动合同。在企业中，"合同工"就是正式员工，是校招中最常见的用工形式。除了正式员工，还有好多同学会遇到劳务派遣和劳务外包，这三者之间到底有什么区别呢?

1. 正式员工

企业的正式员工直接与企业签订劳动合同，由企业发放薪资，接受企业的管理，也就是大家常说的"直签"，其稳定性和薪资待遇一般较好。

2. 劳务派遣工

有些企业因为没有招聘名额、临时项目需要、降低用人成本等，会招聘一些劳务派遣工。劳务派遣工虽然在该企业工作，接受该企业的管理，但他们是和第三方公司签订的劳动合同，由第三方公司发放工资、缴纳五险一金，劳务派遣工相当于只是过来"帮忙"的。

一旦该企业项目结束或者经营不善需要裁员，会第一时间辞退劳务派遣工，其稳定性较差。

一般来讲，劳务派遣工的薪资比正式员工低，缴纳的五险一金也比正式员工少，承担的工作量却与正式员工相同，甚至更多。

有些人愿意签订劳务派遣类的工作，是因为听说劳务派遣工可以转正，希望干几年后能够转为正式员工；这种情况虽然有，但实际能转正的很少。

3. 外包工

外包工与第三方公司签订劳动合同，由第三方公司发放工资、缴纳五险一金，接受第三方公司的管理。外包工相当于只是承接某企业的相关工作任务，除此之外，与这家企业没有任何关系，转正的概率极低。

外包工和劳务派遣工的主要区别在于到底接受哪家企业的管理，这个区别会产生哪些影响？

假设一名劳务派遣工被派遣到某央国企工作，接受央国企的管理，那么，他会和央国企的正式员工一样上下班，有一样的法定节假日，工作压力一般较小。

相对而言，外包工虽然服务于该央国企的项目，但他接受第三方公司的管理。第三方公司基本都是小公司，可能在上下班时间、节假日等方面出现管理不规范的情况。

所以，外包工一般不如劳务派遣工。

那么，我们如何分辨在校招中找到的工作是正式员工、劳务派遣工还是外包工呢？

一般企业在招聘公告中会明确标注招聘的是正式员工还是其他用工形式，但也存在部分企业"挂羊头，卖狗肉"的情况，这时我们只需看三方协议或劳动合同的签约主体。

正式员工直接与入职企业签订劳动合同，三方协议和劳动合同上的甲方应该为入职企业或入职企业的子公司；劳务派遣工和外包工是与第三方公司签订劳动合同，三方协议和劳动合同上的甲方为第三方公司。

　　虽然劳务派遣工和外包工在各方面都不如正式员工，但如果我们在校招时没有找到更好的工作，这时也可以考虑劳务派遣和劳务外包，其中劳务派遣优于劳务外包。大家在校招中一定要注意区分，不要被不良公司欺骗。

第三节

央国企的招聘特点

在目前的校招中，央国企因为其稳定性高、待遇较好等特点，是求职热度最高的就业方向，那么到底什么是央国企呢?

央国企是央企和国企的统称。其中，央企是指由中央出资建立的企业，常见的央企主要包括国务院国有资产监督管理委员会（简称"国资委"）履行出资人职责的 100 家央企和财政部履行出资人职责的 144 家央企（详见附录 E）。

国企，即国有企业，其包含的范围更大，既包括所有的央企，又包括由地方政府出资建立的所有地方国企，共有数十万家。

这数十万家央国企中，既有国有独资企业，又有国有控股和国有参股企业。其中，国有独资企业是指由国家或地方政府 100% 出资设立的企业，不存在其他股份；国有控股企业是指国家或地方政府的股份占比最高，拥有该企业的控股权，能对企业的重大决策和经营管理发挥主导作用；国有参股企业是指国家或地方政府的股份占比较低，不具有控股权和实际控制权。

从稳定性的角度来讲，一般是国有独资优于国有控股优于国有参股，其中国有参股企业与私企的区别不大。

央国企的校招流程与上一章讲到的校招流程基本一样，但其中部分流程，央国企也有其独特的招聘特点，主要体现在以下 6 个方面。

1. 招聘要求

整体来讲，央国企的硬性要求相比其他企业更多。

（1）学校。少部分央国企有自己的重点招聘院校。比如，国家电网在原电力部直属的华北电力大学、东北电力大学、上海电力大学、沈阳工程学院等高校的招聘数量较多；铁路局在原铁道部直属的西南交通大学、北京交通大学、兰州交通大学、石家庄铁道大学等高校的招聘数量较多。

如果我们就读的院校为某央国企的重点招聘院校，一定要重点投递简历，这样求职成功的概率很大；更多同学就读的院校并不是某央国企的重点招聘院校，也可以投递简历，有机会求职成功。以国家电网为例，每年都有大量非电力相关院校的毕业生成功入职。

相对于其他类型企业的校招，央国企在招聘时更加看重学校，毕业于名校的同学更有优势。

（2）学历。央国企并不是只招聘研究生，其中中国石油、中国旅游集团、中核集团、国家电网、华润集团等企业都会招聘大专生，中国银行、中国移动等很多地区的市级、县级分公司每年会有大量的本科生入职。不论什么学历的求职者，都可以在央国企找到相应的岗位。

一般情况下，专科生在央国企大多从事销售、操作工等一线岗位；本科生大多从事工程师、技术员、职能管理等基层技术岗或管理岗；硕士研究生大多从事研发、战略、职能管理等高级技术岗或管理岗。

（3）专业。大部分央国企的校招岗位都有专业限制。比如，网络技术岗往往会招聘计算机科学与技术、网络工程等专业的毕业生，审计岗往往会招聘财务、会计、审计等专业的毕业生。但多数企业对专业的限制不太严格，以网络技术岗为例，计算机科学与技术、网络工程、信息安全等属于计算机大类专业的毕业生均可报名；还有不少企业要求相关专业，如电子信息、通信工程、人工智能等电子信息类专业的毕业生也可以报名。

（4）证书及年龄。头部央国企大多要求本科生必须取得大学英语四级证书，硕士研究生必须取得大学英语六级证书；本科生年龄不得超过 25 周岁，硕士研究生年龄不得超过 28 周岁。

有很多同学因没有大学英语四、六级证书或年龄超过规定而不敢应聘央国企，实际上，只有少数企业有这些硬性条件，大多数央国企并没有上述要求。

计算机二级证书在上一章提到过，对其有要求的企业较少，只有国家电网和中国大唐集团部分地区的分公司对有此要求，更多企业没有对该证书的硬性要求。

部分专业岗位会有证书要求。比如，会计岗要求应聘者具有初级会计师资格证书，法务岗要求应聘者具有法律职业资格证书等。

（5）中共党员。党建、宣传等岗位要求报名的应聘者须为中共党员，其他职能类岗位，应聘者拥有中共党员身份会加分；但技术类岗位绝大多数不要求应聘者的中共党员身份。

最后要提示的是，很多企业会更倾向于招收本地院校或本地户籍的同学。比如，某企业位于山东，则更倾向于招收山东高校毕业或外地高校毕业但是山东户籍的同学，因为这样的同学往往更稳定。大家在校招报名时可以重点考虑学校所在地和户籍所在地的企业。

总结来讲，每家央国企的招聘要求均不相同，上述只是介绍了整体的招聘特点，大家应聘时一定要查看具体企业的招聘要求。

2. 简历投递

央国企每年接收简历的数量巨大，大型的央国企基本都是通过企业的校招官网投递；少数招聘人数少的分 / 子公司在单独校招时会采用电子邮件投递或求职网站投递的方式；还有极少数企业没有线上投递，只在线下接收简历。

极少数企业只要应聘者满足硬性要求即可通过简历筛选，如中国石化、中国烟草的部分地区等，只要专业、成绩、证书等满足要求，所有应聘者都可以通过简历筛选，进入笔试；但大部分企业要看简历的整体情况，学校、实习、比赛等各方面综合表现良好的应聘者才会获得笔试资格。

央国企发布校招公告后，一般有 1 个月左右的报名时间，即 9 月 1 日开始报名，10 月 1 日报名截止。有些企业的报名时间更短。比如：中国银行 2025 年春招 3 月 3 日开始，3 月 18 日结束，报名时间只有 15 天[①]；广西烟草专卖局 2025 年春招 2 月 26 日开始，3 月 5 日结束，报名时间只有 7 天[②]。

只要校招启动，我们就要每天都关注招聘信息，因为谁也不知道我们想去的那家企业会在哪一天突然开始招聘、又在哪一天突然结束。如果我们没有实时关注相关信息，很可能会因为某一周家里有事或学校有事而错过心仪企业的报名时间。

3. 笔试

央国企的笔试有 3 种常见的出题方式：①自主命题，如国家电网的笔试题就是完全由企业内部专家编制；②委托第三方机构出题，如中国建筑近几年均

---

① 参见微信公众号"中国银行人才招聘"于 2025 年 3 月 3 日的发文《中国银行 2025 春季招聘和实习生招聘同步启动！》。

② 参见中国烟草官网《广西壮族自治区烟草专卖局（公司）2025 年度高校毕业生招聘公告》。

采用北森公司提供的题库抽题进行考试；③自主命题与第三方机构出题相结合的方式，采用这种出题方式的企业，在通用的《行测》和《性格测试》板块会采用第三方机构的题库，另外，也会根据企业文化和岗位需求自行定制一些题目。

常见的第三方机构有北森、智鼎、赛码、牛客等，它们都是专门负责人才测评的公司，每年会出大量的试题，形成"题库"。央国企与这些公司合作，使用这些公司的题库和笔试系统，完成对应聘者能力的测评。

每家央国企采用的题库不同，还有很多央国企会自主命题，这就意味着每家央国企的笔试内容都不一样。

一般来说，笔试内容会涉及《行测》《性格测试》《申论》《英语》《行业知识》《企业文化》《专业知识》等板块，其中《行测》和《性格测试》基本上每家企业都会考，其他内容则需要看企业的安排。各大企业每年的考试范围很相似，同学们可以参考该企业前一年的考试科目进行备考。

国家电网、中国烟草、中国银行、中国石油等超大型央国企基本为线下笔试，有些企业需要前往报考岗位的所在地进行笔试。比如国家电网，如果某同学报考了国家电网山东省分公司的岗位，则需要前往山东参加线下笔试。但有些企业的笔试是全国统一安排的，如中国工商银行，无论报的是哪座城市的岗位，都可以就近选择笔试地点。

很多留学生在海外参加校招，无法回国参加现场笔试，对此，有些企业会设置海外考点，如中国银行在悉尼、纽约、伦敦等地会设置考点，应聘者可以前往该考点参加考试；有些企业则允许留学生进行线上笔试；但也有一些企业完全不照顾海外留学生，不能回国参加现场笔试的同学将视为自动放弃。

除了少部分头部央国企，大部分央国企都采用线上笔试。不管线上还是线下，笔试都采用机考形式。线下笔试只是需要前往指定地点，通过现场的电脑进行答题，现场会有老师监考，题型基本都是选择题，论述题较少，这样更方便，无须人工阅卷。

4. 面试

　　央国企校招中一般会有 3 轮左右的面试，部分超大型央国企前两轮面试往往会联合第三方机构共同组织，以节省自己的人力成本。

　　因为校招报名的同学太多，经常会出现面试时间过短的情况。很多人开玩笑说，校招面试是"等待 2 小时，面试 2 分钟"。面试时间过短，会导致应聘者给面试官留下的第一印象对面试结果的影响很大，面试通过的随机性较大。

　　大部分央国企的面试全程都是自己组织的，现场多为随机提问，主要依靠面试官现场的个人判断决定应聘者的去留，不像公务员面试有明确的评分标准。

　　很多央国企的第一轮面试为无领导小组面试，即我们平常所说的"群面"。在群面中，面试官会给应聘者 1 个问题，由应聘者自行组织讨论得出该问题的答案。面试官全程不参加讨论，只是作为观察者观察应聘者的表现，决定其是不是企业需要的人选。

　　后面两轮面试一般较为常规，不论面试官和应聘者的数量是多少，基本上都是你问我答的常规面试形式。

　　有些企业的面试安排特别紧凑，有可能出现上午第一轮面试、下午第二轮面试、第二天第三轮面试的情况；也有企业两次面试之间的间隔时间较长，要等待一周甚至更长的时间才能收到下一轮面试的通知。

5. 体检

很多央国企会有体检环节，体检会在发放录用意向书之前进行，往往参照公务员的体检标准。有些岗位会有特殊的体检要求，比如铁路局会要求色盲色弱者不得报考。

也有很多央国企像私企一样，只在入职前进行简单的体检。

另外，只有央国企会有差额体检，且实行差额体检的企业较少，大部分企业都采取等额体检的形式，即想要录取多少人，就让多少应聘者参加体检，体检不通过再选择面试表现相对优秀的应聘者参加体检。

6. 政审

绝大多数央国企的岗位无须政审，只有极少数的特殊岗位（如党建、秘书、人力资源、财务等）才需要政审，具体要求由用人单位决定。

以上就是央国企招聘的整体特点。特别要提示的是，一些超大型央国企符合我上面所说的招聘特点，但也有很多央国企的招聘与私企招聘类似，关于具体的招聘情况，大家一定要查看该企业的校招公告。

第四节

私企的招聘特点

私企又叫"民营企业"，是指由私人或私企出资设立的企业，我们熟知的小米、拼多多、腾讯等企业都属于私企。

私企既有校招，也有社招。很多人认为：校招不一定要报私企，反正通过社招也能进得去。实际上，私企社招的招聘门槛更高，要求求职者能立即上手工作，而校招更看重求职者的综合素质和发展潜力，且有明确的培养方案和更好的发展前景。所以，想进大型私企的同学也要重视校招，校招相比社招会有一定的优势。

我国私企的数量非常多，有 5700 多万家，远远超过央国企。虽然很多同学都想入职央国企，但实际情况是绝大多数同学最终都会进入私企工作。

私企之间的规模差距巨大，从家门口的小工厂到世界 500 强企业均有私企的身影。很多企业的校招流程五花八门，更多的小企业根本不区分校招与社招，想怎么招就怎么招，所以很难概括私企校招的特点。在本节，我仅对大型私企校招的特点做一个总结，供大家参考。

大型私企的招聘流程非常正规，与之前讲到的校招流程基本相同。对于其中的部分流程，私企有其独特的招聘特点，主要体现在以下 6 个方面。

1. 招聘要求

私企招聘中对于专业的限制较少，尤其是一些职能类岗位，如行政、人力、运营、市场、品牌、采购等，往往都不限专业。

很多人认为，不限专业的岗位会不会招聘门槛太低、竞争激烈或者未来发展前景不好。实际上，很多岗位不限专业是因为这些岗位的工作内容无须太多的专业知识，而是需要更多的实践经历。

不限专业的岗位往往更看重求职者过去的学习和实习经历，有相关经历的求职者应聘成功的概率更大。很多大型私企默认的招聘要求基本上是必须先有大公司的实习经历，才有希望通过校招进入该公司，否则即使名校毕业的同学，成功应聘的希望也不大。

大多数私企也不要求应聘者具有大学英语四级与六级、计算机二级等证书，私企招聘最突出的特点就是让应聘者用实力说话。相较于毕业院校、专业、学历、证书等基础条件，私企更看重应聘者的个人能力。

个人能力是内在的东西，短时间内无法判断，企业能看到的是个人能力的外在表现。比如，某同学拥有大公司的实习经历，能获得这样的实习机会，往往可以证明该同学的综合能力还不错；又如，某同学获得国家级奖项，往往可以证明该同学的学业水平还不错。

所以，我们不能只是"内秀"，还要有一些外在的荣誉加身，以便让我们的校招之路更顺利一些。所以在大学期间，同学们要早早实习、参加比赛、做项目，拥有一份漂亮的履历对于校招真的很重要。

2. 简历投递

大型私企基本都是通过官网发布的相关渠道接收简历，现场收取简历的企业越来越少。私企的网申一般比央国企更为智能，可以直接解析简历，即求职者上传简历后，系统会自动识别简历中的内容，将相关信息填充到网页中。简历中没有的部分才需要求职者手动填写。

私企往往不会设置统一的网申截止时间，都是招满即止。投了简历的同学会陆续收到笔试、面试通知，并没有统一的笔试、面试时间。

这样的安排容易出现一种情况，即有些同学已经进入面试环节，有些同学还没有投递简历，甚至部分看到招聘信息晚的同学投递简历时，很多岗位已经招满，停止招聘了。

这里也特别提醒大家，不管央国企、私企还是外企，看到校招公告后都要尽早报名。这是因为早报名，一方面可以有充裕的时间准备笔试、面试等；另一方面，求职成功的概率往往会更大。

3. 笔试

大型私企的校招一般不会考《申论》《时事政治》《英语》《行业知识》等央国企爱考的内容，职能类岗位的笔试一般为《行测》与《性格测试》。如果某同学应聘的是技术岗，那么在《行测》和《性格测试》的基础上，还会考查专业内容。

其中，《行测》和《性格测试》板块与央国企使用的题库基本相同，都是北森、智鼎、牛客等公司的常用题库；专业笔试部分，企业可能会自主命题，也可能会采用牛客等公司的技术类题库进行笔试筛选。

私企对于专业内容的考查难度要比央国企大得多，很多央国企专业笔试的考点多但内容浅，而私企在考查专业知识时除了一些理论知识，更重视实践。比如，很多计算机专业的同学应聘软件开发岗位时，笔试时会被要求现场编程，难度较大。

私企的笔试基本都在线上进行，有些企业会要求开摄像头全程监考；也有不少企业不开摄像头，监考方面没有央国企那么规范。

很多大型私企这两年招聘时出现了一种现象，叫"海笔"，意思是所有投递简历的同学只要简历不是太差，都会收到笔试通知。笔试后，企业再根据简历和笔试结果进行筛选。

目前校招的整体趋势是，应聘者需要完成的步骤越来越多，企业需要做的事情越来越少；各个企业都在校招中试图通过各种各样的工具筛选应聘者，以降低自己的人力投入时间，央国企、私企、外企均是如此。

4. 面试

这两年人工智能（artificial intelligence，AI）的热度很高，在校招中也同样能够看到 AI 的身影。很多企业的第一次面试不是与面试官直接进行的，而是由 AI 数字人通过提问对应聘者的能力进行智能化打分。

AI 面试通过后，许多企业还会有无领导小组面试，应聘者还是无法直接与面试官交流。

前两轮面试都通过后，应聘者才能和面试官面对面地沟通。面试形式一般较为常规，都是你问我答的形式；面试内容一般会围绕应聘者的简历展开，没有固定的题目。

大型私企的面试多数也是 3 轮左右，但部分企业的面试次数之多令人咋舌。比如，某互联网大厂的校招面试共有 7 轮，每轮面试都会淘汰一部分应聘者，7 轮面试全部通过的应聘者方可入职。

一般来讲，私企的前几轮面试多为线上面试，终面多为线下面试，具体面试形式以企业的安排为准。

私企校招流程一般进行得很快，经常是应聘者投完简历 1 周内收到笔试通知，笔试完成后 1 周内收到面试通知。收到笔试、面试通知的时间比较晚的应聘者有可能是替补队员，即前面的应聘者全都经过笔试、面试后，企业没有招到满意的人员，又继续从备选的应聘者中挑选优秀的应聘者进行笔试与面试。

5. 体检

私企在发放录用意向书之前一般都没有体检环节，而会将其安排在签完三方协议之后、入职之前，体检的标准较为宽松。

6. 签订三方协议

一般来讲，签完三方协议后就不会有什么变动了，但我在带学员找工作的过程中，也发现了不少企业无故解约的情况。央国企、私企、外企均有涉及，解约原因一般是企业临时调整校招计划，招聘人数减少。

有些企业在解约时会按照三方协议上的约定赔偿违约金，也有企业完全不给任何赔偿。

以上就是大型私企校招的整体特点。还是那句话，私企真的太多了，每家企业的招聘要求均不相同，对于具体企业的招聘情况，查看该企业的校招公告更为准确。

第五节

外企的招聘特点

外企即外商投资的企业。截至 2024 年年底，外商在我国累计投资设立的企业超过 120 万家 ①，每年都会有大量的同学通过校招进入外企。

常见的外企有两类：外商独资企业和中外合资企业。其中，外商独资企业是由外商 100% 出资设立的企业，中外合资企业则是由外商和国内企业或个人合资成立的企业。

在外商独资企业中，欧美企业一般福利待遇完善且丰厚，稳定性高，工作压力较小，备受青睐。很多中外合资的企业，由国内企业或个人进行管理，管理模式和薪资待遇均与私企无异。

大型外企的招聘流程与之前讲到的校招流程基本相同。对于其中的部分流程，外企有其独特的招聘特点，主要体现在以下 4 个方面。

1. 招聘要求

前文讲到，很多外企对应届生身份的要求很宽泛，部分外企的要求是只要毕业时间在两年内，不管有没有缴纳过社保，都可以应聘校招的岗位，所以处

---

① 参见人民日报《继续支持外资企业投资中国、深耕中国（权威发布）》。

于择业期的同学，可以重点关注外企的招聘信息。

外企对于应聘者的专业要求较为宽泛，只有一些技术性较强的岗位（如开发岗、研发岗等），才会对应聘者的专业有要求。

很多同学认为，外企对于外语水平的要求很高，实际上，并不是所有的岗位都会涉及对外交流，很多岗位涉及的交流对象基本为国内员工，能够看懂外文文件即可，无须很强的口语能力。

在面试时，有些对外语能力要求高的外企，会有全外文的面试，但更多的外企仅是在面试中设置 1 ~ 2 个外文问题，能回答得上来即可，毕竟语言只是交流的工具，可以在工作后慢慢学习。

不可否认的是，相对于其他企业，外企对应聘者外语水平的要求确实较高，一般应聘者需要达到大学英语六级水平（其他外语达到同等水平），口语方面要求能进行基本的对话，有些企业可能还会有外语笔试。

一般来说，留学生拥有良好的外语口语水平和国际化视野，可以重点投递外企，会比国内高校的毕业生更有优势。

相较于私企，外企更看重应聘者的综合素质和发展潜力，即使没有实习经历，有丰富的社会实践、比赛等经历也会获得企业的青睐。

2. 简历投递

对很多外企来说，秋招是最重要的校招环节，会开放大量的校招岗位；而春招仅是秋招的补录，只会补充招聘一些秋招未招满的岗位，招聘岗位明显减少，所以想应聘外企的同学一定要十分重视秋招。

外企的简历投递流程和央国企、私企一样，均是通过官网投递，但很多外企的官网是全外文界面，外语水平不高的同学投递起来会略有困难。

3. 笔试

前面提到，央国企和私企的《行测》与《性格测试》板块都是采用国内北森、智鼎等公司的题库，考查内容基本相同。

在外企招聘中，部分外企会采用与央国企、私企一样的题库，一般会考《行测》，但也有很多外企会采用外资题库，如 SHL 题库、Cut-e 题库（两家专门做人才测评的外企）等，不考《行测》，考试内容更为灵活。比如，宝洁公司经常会考"管道题"，雅诗兰黛经常会考"三角迷阵题"。

想准备外企笔试的同学，一定要提前了解应聘企业考查的题目类型，有针对性地做准备。

除了《行测》，外企也会有《性格测试》，基本上《行测》和《性格测试》是所有进行笔试的企业必考的两个板块，央国企、私企、外企均是如此。另外，一部分外企还会有《外语能力测试》，部分专业性强的岗位还有专业知识考试。外企笔试一般都在线上进行，有些会开摄像头全程监控，有些不开摄像头。

4. 面试

外企的面试一般也是 3 轮左右，面试形式与央国企、私企差不多，在面试内容上更倾向于采用"行为面试"。所谓行为面试，就是通过应聘者过去解决问题的方式，推测应聘者未来的工作表现。

准备外企面试时，有 8 个经典的题目大家一定要做准备。它们被称为"宝洁八大问"，最开始是由宝洁公司的人力资源专家设计的，后来被其他公司借鉴和模仿。

宝洁八大问

（1）举例说明，你如何制定了一个很高的目标，并且最终实现了它。（考查执行能力）

（2）举例说明，你在一项团队活动中如何采取主动性，并且起到领导者的作用，最终获得你所希望的结果。（考查领导能力）

（3）请详细叙述一个情景，在这个情景中你必须收集相关信息，划定关键点，并且决定依照哪些步骤能够达到自己所期望的结果。（考查计划能力）

（4）举例说明，你是怎样用事实促使他人与你达成一致意见的。（考查说服能力）

（5）举例说明，你可以和他们合作，共同实现一个重要目标。（考查团队合作能力）

（6）举例说明，你的一个创意曾经对一个项目的成功起到至关重要的作用。（考查创新能力）

（7）举例说明，你是怎么评估一种情况，并将注意力集中在关键问题的解决上的。（考查分析问题能力）

（8）举例说明，你是怎样获得一种技能，并将其转化成实践的。（考查学习能力）

　　这 8 个问题分别考查应聘者的 8 种能力，每家公司每个岗位的侧重点不同，面试官会根据具体需求选择性地进行提问。

　　在最后一轮面试中，有些外企可能会要求应聘者做 PPT 汇报，汇报内容可能是自我介绍，也可能会给一个案例做案例分析或设计某某方案，汇报结束后再由面试官提问。除了外企，部分央国企和私企的终面也会采用这种面试形式。

以上就是外企招聘的主要特点，其中发放录用意向书、签订三方协议、体检等环节与其他企业的校招区别不大，此处不再赘述。

第六节

就职小公司与自主创业

1. 就职小公司

很多同学在校招中不敢应聘大公司，或者应聘了几十家公司但没有找到满意的工作，就退而求其次选择入职小公司。他们说服自己的理由是"去小公司更加锻炼人"，事实真的如此吗？

我不否认小公司有它的好处，比如一人身兼数职能积累更多的工作经验，公司规模小更容易调整业务方向，人员少有可能参与一些重要决策。与此同时，我们也要看到小公司的局限性。

身兼数职意味着一个人要承担很多工作，虽然锻炼人，但也容易造成"什么都会，什么都不精"的局面，而且工作多导致经常加班。规模小意味着公司的资源有限，无法像大公司一样给员工提供专业培训课程和先进设备，影响个人能力的提升。

人员少意味着升职空间有限，很可能在一个岗位上干很长时间也难以获得晋升机会，而且福利待遇一般也会比较差。

大公司一般拥有完善的培训机制、清晰的职业晋升通道和良好的薪资待遇，对同学们初期的职业发展具有更大的帮助。

有些同学会说："你看阿里巴巴最开始也是一家初创公司，最开始跟着马云干的'十八罗汉'，如今个个都身家过亿。"

如果你深入了解过互联网行业的发展史，那么你就会知道阿里巴巴的成功是在特定时代背景下，机遇、能力等多方面因素共同作用的极少数成果，难以复制。

有些同学认为，自己刚开始先去小公司锻炼锻炼，学会了技术，再跳槽到大公司。实际情况是，刚毕业入职小公司，想要跳槽到大公司的难度很大，很有可能连简历都没被看到就被淘汰了，而一些拥有大公司工作经验的人，未来跳槽往往会更容易。

每家公司的实际情况不同，我不能简单地说"大公司就是好、小公司就是差"，只是为很多同学不敢应聘大公司或者报了就放弃感到非常可惜。

虽然普通院校毕业生的就业难是一个不争的事实，但这并不代表普通院校毕业生都不能进入好公司，我在带学员们找工作的过程中发现，很多普通院校甚至大专院校的毕业生都通过校招进入了央国企或大型私企，这也是事实。

很多同学在投递简历时，不敢报名名企，总觉得自己的学校名气和专业不能满足企业的招聘要求，报名也是白费功夫。其实，我们可以提前 1 ~ 2 年关注企业的校园招聘官网或者各种社交媒体平台，在以上两个渠道会得到一些录取同学的信息。比如，很多央国企在录取前都会有公示环节，会将拟录取同学的姓名、专业、学校、学历等信息进行公示，公示无异议后才会发放录用意向书。我们可以提前关注目标企业的公示信息，提前查看是否有与自己学校相差不多的同学被录取，如果发现被录取同学的学校名气大、学历较高，就可以选择放弃该企业的报名。

私企和外企在录取时虽然不会有公示环节，但很多同学会在社交媒体分享自己收到的录用意向书，如果看到有同样学校层次的同学被录取，则可以选择报名。

我真心建议大家先竭尽全力争取大公司的工作机会；如果已经全力以赴，但凭现有的能力无法获得大公司的工作机会，再选择发展前景较好的小公司。

2. 自主创业

我在做求职辅导的过程中，也遇到很多同学想要从事游戏主播、自媒体博主等自由职业，或者想自主创业。他们听说自由工作者的工作时间、工作地点与工作内容都十分自由，感觉这份工作轻松极了。实际上，自由职业者因为没有规定的工作时间，所以经常白天、晚上都在工作，没有工作和生活的分界线；自由职业者虽然可以自己选择工作地点，但无论在哪里都需要工作，很多时候无暇顾及其他；虽然工作内容自由，但自由职业者的收入不稳定性极大，造成工作压力更大。

自由职业者的心理压力其实比打工人更大，毕竟前者是给自己工作，后者是给老板打工，没有实现财务自由的自由职业者对自己的要求往往比企业对员工的要求更高。

创业也是一样，大多数创业公司都以失败告终。

当然，我不是建议大家一定不要选择自由职业和自主创业，而是希望大多数普通家庭的同学选择这条路时更理性一点。

如果你想从事自由职业，可以先找份工作，一边工作一边尝试副业，等到副业收入可以覆盖日常开支，再去选择自由职业。

如果你想创业，可以找份工作，一边工作一边寻找投资人，做产品计划书，等到创业公司初具规模，再全职开始创业。

　　有些同学没有做调研、没有制订方案、没有了解过政策，只是道听途说就感觉自己可以，开始自由职业和创业之路，在我看来，这不过是一个异想天开的梦，到头来只是一场空。

第七节

常见的求职骗局

很多同学在找了一段时间的工作而没有结果后，开始想一些"别的办法"。在这方面，我最常被问到的几个问题是：

- 我们看直播时，有老师说央企直签，无须笔试，能报吗？

- 有机构对我们说，花几十万元就可以包进某某央国企，可信吗？

- 有公司邀请我们去面试，但觉得我们技术不好，需要先培训才能入职，这种可以去吗？

校招求职中有大量的骗局，我在这里和大家分享几个官方媒体报道过的诈骗案例，大家一定要警惕。

（1）包办就业？假的！ [①]

2024年3月，武汉经营教育公司的黄先生夫妇结识了陈某，陈某自称国家工作人员，能通过特殊渠道帮人入职名企。黄先生夫妇向他陆续介绍了26人办理业务；陈某以"报名费""培训费"等各种名目，收取各类费用。

在此期间，陈某发送了入职通知书，还组织了入职人员的线下岗前培训，但被推荐人迟迟未能真正入职。

---

① 参见武汉市公安局官网《"能人"包办升学就业？警方：谨防诈骗！》。

2024 年 12 月，黄先生夫妇心生疑虑，重新核实了陈某发来的资料，发现很多都是虚假信息，于是质问陈某。此时，陈某才承认自己并非国家工作人员。后黄先生夫妇报警，陈某被刑事拘留。

（2）花 20 多万元就能买到"铁饭碗"？假的！①

2024 年 6 月，兰州某大学的一名毕业生报案称，自己经人介绍认识了于某，于某承诺可以让其进入某国企成为正式员工，但需要花费 21 万元。

该同学转账后，于某伪造入职岗位需求表、实习通知书等虚假文书，雇用临时工冒充相关单位工作人员组织笔试、面试、培训等流程，最终却只与该同学签订了一份劳务派遣合同。该同学质疑，想要退款，于某拒不退款，最后该同学报案。

经过警方调查，自 2021 年年底至 2024 年 6 月，于某以帮助学生入职央国企成为正式员工为幌子，共诈骗 400 多名大学生，涉案金额高达 8000 余万元。

（3）先培训再入职？套路！②

2023 年 10 月，林欣（化名）去面试了云南 ×× 信息技术有限公司，该公司面试后认为他的技术能力不足，提出"只有通过实训才能留在公司"。

面试官向林欣介绍了公司的多方面优势："项目丰富""转正后工资6000 ~ 8000 元"等。林欣最终与公司签订了岗前实训合同，并通过对方提供的贷款平台贷款支付了培训费 24 900 元，每月还款 1286 元，共 24 期，合计为 30 864 元。

实训结束后，林欣准备上岗时，公司却让他自己去找工作，根本不给他解决就业。林欣无奈，只能一边找工作，一边还贷款。

---

① 参见新华网《花 20 多万元就能买到"铁饭碗"？起底涉案金额超 8000 万元的特大招聘诈骗案》。
② 参见法治日报《毕业生去应聘却被骗花钱培训，媒体调查"招转培"陷阱》。

以上 3 个事件是众多诈骗手法中的典型案例。很多不良公司、机构打着"花钱就能直接进央国企""花钱培训完就能安排工作"的幌子，对求职心切的同学实施诈骗，受害者众多。

目前，央国企、私企等企业的招聘流程越来越公开透明，基本没有什么捷径可言。而且，正规企业都会给入职员工免费提供岗前培训，对于在校招中所有需要交钱求职的公司，大家一定要十分小心，没有正规公司会让应聘者缴纳报名费、培训费等各种费用，求职全程都是免费的。

求职心切的家长、同学最容易成为骗子的目标。大家永远要记住一句话："人只要不想占便宜、走捷径，就不容易被骗。"

第七章

学校、专业与学生组织

在前面的 6 章，我对同学们毕业后可选的各个就业方向进行了整体介绍。从本章开始，我会详细介绍转专业、找实习等各种规划的实操方法，让你不仅懂规划，更能去实践。

在本章中，我将深入分析大学的教学模式与资源，大学中常见的学生组织与干部，以及各专业的就业情况与求职策略等，让大家更加了解学校与专业。

第一节

上了大学就轻松了吗

"上了大学就轻松了！"类似的话你应该也听过很多：上班了就自由了，结婚了就有人陪了，退休后就可以颐养天年了。人在每个阶段都有对下一个阶段的美好憧憬，这种憧憬支撑着我们度过一个又一个艰辛时刻，但你会不会有一刻怀疑过：未来真的如此吗？

在这里，我们不想把话题扯那么大，只聊一点：上了大学真的轻松吗？

上大学，从表面上看确实很轻松。大学生一般一周有 20 节课，每节课 1.5 小时，这样算下来，每周总共上课 30 小时，按每天 8 小时计算，每周上课 3.75 天，剩下的时间都没有课。

在大学，只有上课是强制要求去的，实际上有很多同学会逃课，因为很多老师不查考勤，或者只是偶尔点名。

除了上课，学生会、社团、志愿者、实习、比赛等全都是由学生自主选择是否参加。在大学，如果你想"躺平"，就可以每天只上课，什么活动都不参加，还是很轻松的。

但是，如果你不想"躺平"，想毕业后找份理想的工作，那么你需要尽量使自己的学习成绩名列前茅。要想成绩优异，老师讲的每一节课，你需要用两节课的自习时间去消化吸收；你还需要花时间去考大学英语四级与六级、计算机二级证书，大概需要 1 ~ 6 个月的备考时间；你还需要与同学们组队参加比赛，如果想拿到较好的名次，就要全情投入 1 ~ 6 个月的时间。

上面我说的仅仅是冰山一角，你可能还会参加学生会、志愿者活动，竞选班干部，找 2 ~ 3 个实习岗位，进实验室跟着老师做科研……大学想要"卷"，能努力的方向太多了。

所以，关于上大学是否轻松，你从不同的人嘴里，会得到不同的答案。有的人认为上大学很轻松；有的人却说上大学太忙了，比高中还辛苦。

说到这里，你可能已经隐约地知道，要想大学毕业后有一个不错的职业前景，需要自己早做准备。当你想去做一些事情时，接下来就会面临第二个难关——信息差。

大学生活的繁忙不仅是身体的忙碌，更是一场头脑的较量，因为我在前文所讲的实习、比赛、项目等信息并不会主动来到你的面前，而是需要你特意花时间去留意或者专门去找，才有机会看到。

我在直播时经常会分享一个我上大学时的真实案例。我是 2012 年上的大学，大一军训时，有一个同学每天早上跑到湖边背单词。他清楚地知道自己要出国留学，而出国留学要过的第一关就是外语成绩达到一定的水平。

而我，一个刚从农村考出来的孩子，从小没有出过我们市，习惯了小学、中学、大学一路被安排好的人生，当时还以为只要考上重点大学，我人生最大的任务就完成了，接下来就会像电视剧里演的一样，不是我找工作，而是工作主动来找我。

我不是不努力，相反，我是个超级努力的人，但当时的我觉得上了大学就不需要努力了。我不知道毕业后要往哪个方向发展，也不知道这个方向需要我提前准备什么。我是想进步的，但我的认知阻碍了我。

这也是后来我专门做应届生求职辅导的原因——我已经毕业 9 年了，但我看到很多同学仍然和 9 年前的我一样，对大学不甚了解。有一些同学以为，上了大学就可以"躺平"了，因而上课逃课、下课打游戏，玩得不亦乐乎；而有一些同学非常努力，大学英语四、六级证书考了，计算机二级证书考了，教师资格证书考了，初级会计师资格证考了，学生会参加了，社团参加了……大学生活忙得四脚朝天，到头来却发现所做的很多事情都是无用功。

上述两种做法，都会让你的大学之路变成一场"打卡"旅游——辛苦考上大学，只留下一句"本人到此一游"就悄然离去，并没有体验到大学的真正乐趣。

如果你看过我前面写的内容，你应该已经大致清楚公务员、事业单位、企业等就业方向对个人能力的要求，有了努力的方向。很多你想做的事情，学校就可以提供丰富的资源。比如，很多学校都会有保研、校企合作项目、竞赛指导中心、校友企业实习、校际交流访学等。

接下来，我们先列个计划，想好大学要完成哪几件重要的事情，然后专门收集这方面的信息。

第二节

如何最大化利用学校资源

上大学有点像玩游戏，不能上来就开始打，必须先搞清楚游戏规则，否则打也打不赢，只能一直当"菜鸟"。刚上大学不久的我们，要如何了解学校有哪些资源可以利用呢？

很多同学总以为好事情只会在"特定圈子"里传播，其实不然，学校里的资源有点像"灯下黑"，答案一直都在我们身边，只不过我们没有发现。

接下来，我会列举 6 个信息量很大但容易被大家忽略的渠道，帮助大家完成大学的深度体验之旅。

1. 学生手册

在大学开学前，每所学校都会给学生发放一本学生手册，这是我们上大学要看的第一份攻略，是大学生活的"说明书"。学生手册的内容特别全面，涵盖学习、奖学金、住宿、就餐等各个方面的内容，可以让我们初步了解大学的整体情况。

学生手册会有学校发布的"官方版本"，它被直接发到学生手里；也会有一些学长学姐自行整理的"野生版本"。"野生版"学生手册里一般会有更多小众的个人经验总结，被发布在自媒体和各个交流论坛上。

2. 学校官方网站

除了官方网站，每所学校还会有众多下属网站，不同的网站会发布不同的信息。比如，南开大学就有如下众多网站：南开大学官网、南开大学各学院的官网（如南开大学化学学院）、南开大学研究生院、南开大学研究生招生网、南开大学教务处、南开大学学生就业指导中心、南开大学新闻网、南开大学图书馆、南开大学信息公开网、南开大学科学技术研究部……

上面这些网站都是可以公开访问的。除了公开访问的网站，还会有一些校内网站，同学们在入学后使用校园网就可以访问，如各学校的信息门户网站、BBS 交流论坛等。浏览这些网站上的历史公告和新闻，可以了解到学校很多隐藏的资源。

3. 班级群

学校或学院的各种评选、活动等信息，一般都会让班长或团支书发布到班级群里，由大家自行选择是否报名参加。除了公开的通知，还会有一些只针对特定同学发布的通知，如奖学金申报、优秀学生干部申报等。

班长或团支书虽然需要为同学们服务，很辛苦，但也能与辅导员密切联系，接触到很多大家不了解的信息，感兴趣的同学可以积极参与竞选。

4. 兴趣社团

虽然社团经历不太算作学生干部经历，但很多社团拥有丰富的隐藏资源。比如，很多大学有企业社团——宝洁菁英俱乐部，可以直接联系宝洁公司的人力资源，也有企业内部培训与讲座、校招优势等；很多学校有竞赛社团——数学建模协会，其通过组织培训、讲座等活动，帮助学生掌握数学建模的方法和技巧，夺得数学建模比赛的奖项。

另外，还有兴趣社团、公益社团、运动社团等多种多样的社团，可供学生选择感兴趣的方向。

5. 学长学姐

学长学姐比我们早几年上大学，绝对是行走的"知识百宝箱"。通过学生会、社团、高中校友会及其他各种活动，在大学有太多的机会可以认识学长学姐。闲暇时，可以请学长学姐吃顿饭，聊一聊心中的困惑，他们一定非常乐意解答。

6. 辅导员

辅导员所了解的信息往往会比学长学姐更全面，但因为一名辅导员要辅导全年级的同学，非常忙，因此没有太多闲聊的时间。无目的地去找辅导员咨询，很可能毫无收获。我建议大家先通过其他渠道了解完初步情况后，再针对具体事情去找辅导员咨询。比如，我们已经事先了解到竞赛获奖对于保研有加分作用，就可以找辅导员询问学院是否有保研加分的具体竞赛的名单和加分细则，这种具体的问题容易得到答案。

了解完上述渠道，大家记得给本页做个标记，按照我说的这 6 个渠道依次开始探索吧！

第三节

大学里都有哪些学生组织

大学的学生组织，大家听得最多的就是学生会，但是大学不仅有学生会，还有丰富多样的学生组织。接下来，我来总结一下大学中常见的学生组织。

1. 学生会

学生会是学校联系学生的桥梁和纽带，主要职责包括：举办校园活动，如文艺晚会、体育比赛、学术讲座等；协助学校管理，如检查宿舍卫生、维护教学设备、收集学生意见等；以及其他事务。

学生会一般分为校学生会和院学生会。其中，校学生会往往负责组织大型的全校性活动、制定全校性的活动计划和规章制度等，各个学院的同学都可以报名加入；院学生会主要围绕本学院的需求开展活动、制定政策，只允许本学院的同学加入。

校学生会和院学生会有一定的从属关系，但院学生会并不完全是校学生会的下属机构，院学生会开展工作有很大的独立性，它们的组织架构都是一样的。学生会组织架构图，如图 7-1 所示。

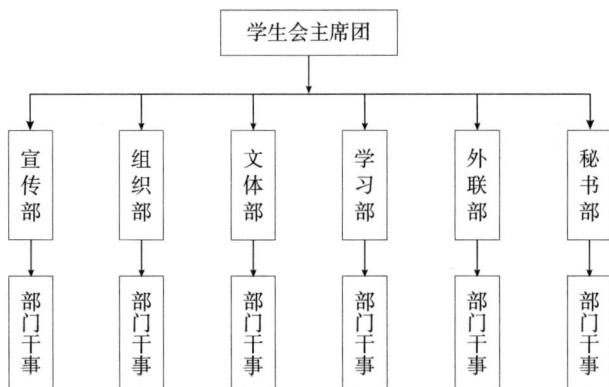

图 7-1　学生会组织架构图

首先，主席团是学生会的核心领导团队，全面统筹学生会的工作，一般设有主席 1 名，副主席 2 ～ 5 名；其次，下属各部门负责组织实施各部门的工作，常见的部门有宣传部、组织部、文体部、学习部、外联部、秘书部等，每个学校的设置略有不同，一般有部长 1 名，副部长 1 ～ 2 名；最后，各部门干事负责各部门工作的具体执行。

一般来讲，大一新生刚加入学生会是部门干事，大二学生通过竞聘升至部门部长或副部长，未能竞聘成功的干事自动退出学生会，大三学生通过竞聘升至学生会主席或副主席，未能竞聘成功的部长自动退出学生会。

2. 团委

团委和学生会非常相似，也包括校团委和院团委：校团委负责全校性的团委工作和思想政治教育工作；院团委负责学院内的相关工作，院团委是校团委的基层组织，接受校团委的统一管理和工作部署。

团委和学生会的组织架构很相似，也分为宣传部、组织部、秘书部等各个部门，每个部门各司其职，负责一些活动的组织，只不过工作内容更偏重团组织方向。

3. 青年志愿者协会

青年志愿者协会（简称"青志协"），也分为校青志协和院青志协。与团委一样，青志协接受学校团委的指导，主要负责开展各种志愿服务活动。

青志协与学生会、团委的组织架构基本相同，都是由主席团领导，下设秘书部、宣传部、外联部等多个部门，每个部门有部长，也有部门干事。青志协的成员即使不升任部长、主席等职务，也可以继续留在青志协参加志愿活动，而不用像学生会、团委一样，不升职就自动退出。

4. 社团联合会

社团联合会（简称"社联"），是学校负责管理和服务学生社团的学生组织，是学校和学生社团之间的桥梁和纽带，主要负责各社团的管理、社团活动的审批与监督、组织社团之间的交流与合作等，组织架构和前面的 3 个学生组织基本相同。

5. 班级

每个班都会选举班干部负责班级的日常管理，最常见的班干部包括班长、团支书、心理委员、学习委员、组织委员、体育委员、生活委员等。其中，班长和团支书是最重要的班级管理者，班长负责全面管理班级的行政事务，团支书负责班级的思想政治工作和共青团相关事务，二者没有上下级之分，是班里最忙的两个人。

除了班长和团支书，其他职务像心理委员、学习委员等负责不同方向的工作，但实际上承担的任务很少，主要负责协助班长和团支书开展工作。

6. 宿舍

每个宿舍都会选举 1 位宿舍长。宿舍长，顾名思义负责宿舍事务的管理，简单来讲就是负责寝室卫生监督和一些信息统计，没什么太多的工作，严格来讲不能算作学生干部。

7. 社团

社团是学生基于共同的兴趣爱好、特长等自愿组成的非营利性学生组织。各学校社团的数量非常多，少则几十个，多则数百个，涵盖各个领域。

常见的社团类型包括：

- 兴趣爱好类，如合唱团、街舞社、绘画社等。
- 文化体育类，如文学社、话剧社、篮球社等。
- 学术科技类，如数学建模社团、计算机编程社团、创新创业社团等。
- 公益服务类，如新长城自强社、环保社团、动物保护协会等。
- 企业组织类，如宝洁菁英俱乐部、腾讯创新俱乐部、中兴物联俱乐部等。

社团的组织架构和学生会基本相同，都是上设主席团，下设各部门。在社团里，大家既可以竞选部长、社长等参与社团的活动组织，也可以只作为社团的团员参加社团活动。比如，某同学可以大一到大四都在学校的街舞社团里，参加日常训练和演出活动，但不用在社团里担任任何职务。

以上 7 类就是大学中常见的学生组织，和本科生一样，研究生也会有学生会、团委、青志协、班干部，但在社团方面，研究生往往参与得较少。

很多同学关心的是，在学生组织中担任学生干部，会对就业有帮助吗？

从认可度的角度讲，前面提到的学生会、团委、青志协和社联，是学校最常见的 4 大官方学生组织，接受学校党委或团委的指导，在这 4 个组织担任学生干部，认可度很高。

班级中的班长和团支书承担了最多的工作，认可度很高；但其他班干部，如组织委员、学习委员、心理委员等，承担的工作很少，认可度较低；宿舍长已经不算学生干部了，认可度最低。

社团不属于学校官方的学生组织，虽然在学校有登记入册，组织架构完整，甚至规模也很大，但它更像一个兴趣小组，有部分企业并不会将社团干部视作学生干部，对此不同企业的规定不同，所以认可度视企业而定。

其实抛开就业认可度不谈，加入学生组织担任学生干部，确实会对提升个人能力大有帮助。想象一下，如果你是某个部门的部长，那么你应该每个月都会给部门的小伙伴开例会，这会锻炼你当众演讲的能力；如果你们部门承办了某个大型活动，那么你肯定会提前推演活动的每个流程，这会锻炼你的规划能力；你们部门在执行活动的过程中，会涉及许多人之间的配合，这会锻炼你的组织能力和沟通能力。

我在带学员找工作时明显的感受是：有学生干部经历的同学往往表达能力更好，更容易获得工作机会。所以，不管从哪个角度讲，我都非常鼓励大家在大学能够有一段深度参与的学生干部经历。

大一刚入学时，大家可以试着多加入几个感兴趣的学生组织，大二如果能成功竞聘某个学生组织的部长，就在这个组织中深耕下去，很多时候获得感与投入是成正比的。

第四节

文科生的就业方向

在日常生活中，我们经常听到"文科无用论"的说法。在企业中，文科生真的只能做服务性工作吗？

在本节，我们将讨论的专业不仅包括文学类专业，还包括经济学类、管理学类、哲学类、法学类、教育学类、艺术学类、历史学类等非理工类专业。在目前的就业市场中，文学类、经济学类等非理工类专业的就业岗位整体较少，且集中在以下 5 大方向。

- 教育行业：担任学科老师或专门从事教育研究。
- 传媒行业：从事记者、编辑、新媒体运营等工作。
- 金融行业：从事柜员、客户经理、风险管理等工作。
- 咨询行业：从事律师、审计、商业分析师等工作。
- 公务员：从事公共事务管理、政策执行、统计调查等工作。

在电力行业（如国家电网）、制造行业（如东风汽车）、能源行业（如中国石油）等以生产制造为主业的更多行业中，非理工类专业毕业生的招聘人数较少。为了让大家有一个更直观的了解，我在这里举两个例子加以说明。

（1）国家电网河北省电力有限公司 2025 届第一批校招，招聘电工类专业毕业生 490 人，而财会类专业毕业生仅招 15 人，管理类专业毕业生仅招 5

人[1]。

（2）中国铁路南昌局集团 2025 届校招，招聘交通运输类、物流类、机械类、土木类等理工科专业毕业生 516 人[2]，而工商管理类、法学类、医学类等非理工类专业毕业生仅招 56 人[3]。

在以生产制造为主业的行业中，为什么非理工类专业毕业生的就业岗位如此之少呢？这要从企业的组织架构说起。

企业内的各个部门基本可以分为两类：业务部门和职能部门。其中，业务部门是指直接负责企业核心业务运营，创造直接经济价值的部门。比如在汽车等制造业的企业中，研发部、生产部、销售部、市场部等属于业务部门，它们分别负责产品的研发、生产、销售和市场推广等工作，可以给企业带来直接的经济价值。

业务部门中的研发部、生产部、销售部等部门规模庞大，在一些大型企业中，生产部、销售部的员工规模经常能达到数千人甚至上万人，而且这些部门直接负责一线业务，因压力较大导致人员流动性大，往往招聘的岗位最多。其中，研发部、生产部招聘的基本都是车辆工程、电气工程、自动化等工科类专业毕业生；销售部招聘时，多倾向于车辆工程等工科类专业和市场营销等文科类专业毕业生。

职能部门则是为业务部门提供支持和服务，以保障企业整体运营的部门。比如，各企业的人力资源部、财务部、行政部、法务部等都属于职能部门，它们分别负责人员管理、财务管理、行政事务管理、法律事务处理等工作，为业

---

[1] 参见国家电网有限公司招聘平台《国网河北省电力有限公司 2025 年高校毕业生招聘公告（第一批）》。

[2] 参见中国铁路人才招聘网《中国铁路南昌局集团 2025 年度招聘本科及以上学历毕业生公告（一）》。

[3] 参见中国铁路人才招聘网《中国铁路南昌局集团 2025 年度招聘本科及以上学历毕业生公告（二）》。

务部门的正常运转提供必要的支持与保障。

职能部门中的人力资源部、财务部、行政部、法务部等部门规模很小。在大型企业中，人力资源部、财务部、行政部等部门的规模也就几十人，法务部的规模往往更小。职能部门的工作压力相对较小，人员稳定，有人离职或晋升时才会出现岗位空缺，产生少量的招聘需求。其中，人力资源部、行政部招聘的多为工商管理等管理类、文学类专业毕业生，财务部招聘的多为财务管理、会计等财会类专业毕业生，法务部招的多为法律等法学类专业毕业生。

从上述企业的组织架构中我们可以知道，非理工类专业毕业生应聘的方向多为职能部门。职能部门的就业机会看起来很多，比如每家企业的财务部都会招聘会计，但招聘人数很少，竞争极为激烈。非理工类专业毕业生的就业难度明显高于理工类专业毕业生。

职能部门的工作主要是负责支持和保障业务部门的运转，"所有文科都是从事服务业"这句话说得有点过于绝对，但大部分文科生从事支持服务性工作的确是事实。

应聘职能类岗位的同学可以不用太关注行业，而是要想好自己的目标岗位。比如，汉语言文学专业的同学既可以去汽车企业从事宣传工作，也可以去医药、化工、电力等企业从事宣传工作。只要避开一些公认的夕阳行业，其他行业的企业都可以投递简历，这样可以大大提高求职成功率。

如果未来要应聘的是职能部门，相比学校里学到的专业知识，实践经历对就业的帮助更大。比如人力资源岗，虽然在学校里也会学习招聘、绩效、薪酬等理论知识，但终归只是纸上谈兵，不如实际去负责组织招聘、评估绩效等工作，收获更大。

职能部门在校招时，也非常看重求职者的实习经历，所以想应聘职能部门的同学一定要多多参加相关岗位的实习，未来就业会更有优势。

第五节

理工科毕业生的就业方向

企业中的岗位一般可以分为技术类岗位和职能类岗位，技术类岗位是指需要运用专业知识或技能解决技术问题的岗位，如材料研发、硬件工程师、数据分析师等。此类岗位需要一定的专业能力才能胜任。

职能类岗位是指负责支持和保障企业日常运营的岗位，如行政管理、人力资源、市场营销、采购等。这些岗位虽然也需要一些专业知识，但更看重个人的实践能力。

理工科毕业生在就业时最容易出现的问题是过于局限于自己的就业方向，认为自己只能从事本专业的技术岗位。比如，计算机科学与技术专业的同学认为自己只能从事软件开发、运维等技术岗；自动化专业的同学认为自己只能从事算法、嵌入式工程师等技术岗。

如果毕业于名校，自身技术水平高，应聘技术岗的薪资高、发展前景好，确实是一种很好的选择。但很多同学明明对技术岗不感兴趣，或者技术水平不高、难以胜任技术性工作，还要硬着头皮去参加技术岗的校招，结果往往不理想。

实际上，理工类毕业生的就业面要比我们想象的宽得多，他们既可以选择研发、生产等技术类岗位，又可以选择市场、产品等职能类岗位。

为了方便大家理解，我在此举两个例子加以说明。

（1）中国联通。计算机类、电子信息类专业毕业生应聘中国联通时，除了可以应聘软件研发、人工智能、大数据开发等技术类岗位，还可以应聘业务管理岗（负责产品陈列、市场调研等）、产品经理岗（负责收集用户需求、制订产品方案等）、市场运营岗（负责营销、制定市场战略等）等与技术关系不大，主要依靠个人的沟通能力、组织能力的岗位。

（2）中国东方电气集团。电气类、自动化类专业毕业生应聘中国东方电气集团时，除了可以应聘电气工程师、系统仿真工程师、控制算法工程师等技术类岗位，还可以应聘采购管理岗（负责采购物资、供应商管理等）、业务拓展岗（负责产品推广、客户开发等）、质量管理岗（负责产品质量检验与管理等）等与技术关系不大，主要靠实践经验积累的岗位。

我在直播间连麦遇到理工科毕业生咨询就业方向时，往往重点说行业、简单说岗位。

一是因为每家企业的岗位名字都是自己起的，同样的工作内容，每家企业的叫法都不相同。比如，应用开发、安卓开发、前端开发、后端开发、软件工程师、IT 专员、程序员等岗位看起来五花八门，有几十种甚至上百种不同的叫法，实际上都属于软件开发。

二是因为就像我上面举的例子那样，理工科毕业生除了可以应聘技术岗，还可以应聘管理、营销等很多非技术类岗位。

理工科毕业生参加校招时，重点要看行业。比如，计算机类专业的同学，只要看到有互联网行业的公司招聘，大概率可以报名。假如这家互联网公司一共招聘 3000 个岗位，其中很可能有 2500 个岗位是计算机类专业的同学可以应聘的。

理工科毕业生找工作，最重要的是想清楚自己的专业与哪些行业匹配，然后关注该行业所有企业的校招公告。比如，电气类专业毕业生只要看到电力行业的公司发布校招公告，大概率就有能报的岗位；化工类专业毕业生只要看到化工行业的公司发布校招公告，大概率就有能报的岗位；土木类专业毕业生只要看到建筑行业的公司发布校招公告，大概率就有能报的岗位。

与自身专业匹配的行业中，往往会有大量专业对口岗位，招聘人数多，求职成功率高，是我们在校招时投递简历的重点。另外，很多行业虽然与我们的专业并不是特别匹配，但也可能会招聘我们所学专业的毕业生。比如，文化行业中的企业也会招聘计算机类专业毕业生；电力行业也会招聘土木类专业毕业生。在很多相关度不高的行业中，也会有少量岗位招聘，虽然数量少，但确实存在招聘需求，所以我们也要关注其他行业，作为校招的补充。

理工科毕业生想要应聘技术类岗位，不仅要学好相关的专业课，获得较好的学习成绩，还要多多参加与专业相关的实习、比赛、项目，这些对于校招都会大有帮助。

职能类岗位对于专业能力的要求不高，更看重求职者的实践能力。比如，未来想应聘市场岗位的同学，需要提前找市场岗位开展实习；想应聘产品岗位的同学，需要提前找产品岗位开展实习。拥有相关岗位的实习经历，对于应聘非技术类岗位会更有帮助。

理工科女生在就业时往往会担心性别歧视的问题。实际上，一些对体力要求高、距离生产一线近或条件相对辛苦的岗位，确实更倾向于招聘男生。但管理岗、研发岗等办公室内的岗位在校招时往往不会太关注求职者的性别，而是更关注求职者的个人能力，理工科女生可以重点应聘这一类岗位。

第六节

大学期间如何转专业

很多同学大学所学专业是在大学录取时被调剂的，并不是当初最想就读的那个专业；也有不少同学读了一段时间后，发现不喜欢自己所学的专业。不管什么原因，如果你真的不想继续学习自己的专业，那么在大学期间，还有转专业的机会。

各所高校基本都是可以转专业的，要求严格的学校只有大一的同学可以转专业，也有些学校是大一和大二的同学可以转专业，部分学校是大一至大三的同学都可以转专业。

转专业要关注以下两个政策：①所在专业的转出政策；②目标专业的转入政策。一般学校会对转专业同学的成绩、已修课程有要求，既符合转出要求又符合转入要求的同学，可以申请转专业。

接下来，我以湖南师范大学文学院汉语言文学专业 2024 年的转专业政策为例进行解读，让你更直观地了解转专业的政策要求。

湖南师范大学文学院汉语言文学专业的转入政策[1]：

（1）仅限大一、大二的同学申请，转专业的同学需要跟随低一年级学习。

（2）所有课程考核合格且必修课成绩在本专业排名前 20% 的同学，可以

---

[1] 参见湖南师范大学教务处网站《关于做好 2024 年本科学生转专业工作的通知》。

选择所有符合转入要求的专业；成绩不达标的同学，仅能选择高考分数达到生源所在省份当年最低录取分数线的专业。

（3）大一申请转入的湖南省内生源的学生，高考语文成绩须在 110 分及以上，外省生源的学生提供该单科成绩的换算依据。

（4）高考选考科目需符合该专业当年的选考科目要求。

想要从湖南师范大学文学院汉语言文学专业转出，则不做任何限制。

需要提醒的是，每所学校的转专业政策均不相同，学校整体的转专业管理办法一般在学校教务处的网站上可以找到，自己专业和目标专业的转专业要求可以在学院官网上找到。想转专业的同学，记得提前查看政策要求，做好准备。

除了要符合转入和转出政策，想要转专业的同学还要经过目标学院的考核，考核通过才能转入。

一般情况下，考核会分笔试和面试两个环节，整体分数排名高的同学可以转入；不过有的专业转入考核较为宽松，只需通过面试即可。

大多数学校转专业只能转 1 次，而且转专业意味着要比其他同学多学很多课程，大学生活会变得更加忙碌，甚至需要多读 1 年才能完成学业，所以想转专业的同学一定要慎重考虑，谨慎选择。

很多同学不符合转专业的要求或者转专业考核没有通过，可能会选择双修/辅修一个第二学位，那么第二学位会被认可吗？

如果你学的第二学位是辅修学位，那么在考公、考编方面，我在前文讲过，大多数情况下辅修专业不被认可。

另外，在企业就业方面，要求严格的央国企只认可主修专业，辅修专业只能作为加分项。比如，国家电网只认可主修专业的学历[1]；在一些要求不严格的央国企、私企和外企中，对辅修专业的学历有一定的认可度。

如果你学的第二学位是双修学位，即与原来的专业不分主次，则这两个专业的认可度相同，可以用任一专业应聘公务员单位、事业单位和企业。

所以，想要双修/辅修的同学一定要先确定好第二学位的性质。双修学位的认可度更高，但同时也意味着需要学习的课程更多、难度更大。

还有一种换专业的方法，就是通过跨专业考研达到换专业的目的。

想要这样操作的同学，记得提前看好心仪企业的招聘要求后再做选择。目前有很多公务员招考单位、事业单位和要求严格的央国企，要求"本硕专业一致或相近"才能报考。比如，某同学本科学的是计算机类专业，硕士研究生跨考汉语言文学专业，想通过这样的规划当语文老师，但在应聘事业单位时，却发现很多名校都要求本硕都是文学相关专业才能应聘，跨专业考研也未能进入心仪的单位。

最后想说的是，如果我们真的尝试了很多方法，最终没有成功改变专业，也不用气馁，因为目前校招中，很多岗位对于专业的要求不严格，更看重实践经历。我们依然可以通过提前规划其他方向的实习经历，找到自己的理想岗位。跨专业就业成功的同学，还是有很多的。

---

[1] 参见国家电网有限公司招聘平台《国网北京市电力公司 2025 年高校毕业生招聘公告（第二批）》。

第八章

学习与证书

大学期间的学习成绩重要吗？如何申请奖学金和助学金？除了学习成绩，哪些证书对就业会有帮助呢？

　　在本章中，我会分享学习成绩的影响与奖学金、助学金的申请攻略，还会详细介绍各种证书的用处和考试要求，让大家在大学"学"个明白。

第一节

学习成绩不好影响找工作吗

"60分万岁，多1分浪费！"很多同学上了大学后，认为考试只要及格就行，多考一些分数似乎没有太大的意义。

上了大学，成绩真的不重要了吗？事实并非如此，不管是本科生阶段还是硕士研究生阶段，我们的主业仍然是学习，学习成绩是很多就业方向的重要考查因素。

- 保研最看重学习成绩，成绩好的学生获得保研资格的概率更大。
- 留学很看重学习成绩，学习成绩差的学生申请国外名校很难。
- 企业校招很看重学习成绩，学习成绩好的学生简历通过率更高。

除了对未来发展的影响，学习成绩好的学生还可以申请奖学金，获得"三好学生"等各种荣誉称号，争取支教、对外交流等各种实践机会。不可否认的是，学习成绩好的学生获取的资源往往更多，未来的发展可能会更好。

既然学习成绩如此重要，那么如何才能提高我们的学习成绩呢？

大学期间，要想提高学习成绩，除了靠智商，还要有"谋略"。

我们高中3年学的都是语文、数学等基础学科，成绩好就能考入好大学，评价标准非常单一。但大学期间的学习不是这样的，1年2个学期，每个学期往往要学4～10门课，学期结束就会有所学课程的期末考试。考完后，这些课就结束了，下学期又会有新的 4 ~ 10 门课程需要学习。

所以，在大学，每半年会有一次期末考试，考试通过这门课程就结束了。考试没有通过，有些课程会有补考的机会，但有些课程没有补考的机会，学生需要在下个学期重新学习这门课程，重新参加期末考试。

每门课程会有学分，通常为 1 ~ 6 个学分。比如，某大学规定：学生学完大学语文，考试合格后可以获得 3 个学分；学完高等数学，考试合格后可以获得 4 个学分。

学生可以自主选择每学期修多少门课程，一般本科生拿到 140 ~ 200 个学分就可以毕业。关于这一点，每所学校的规定略有不同。比如，2020 级起，北京理工大学的学生最低毕业学分要求 140 学分左右（不同专业略有不同）[①]，小米集团创始人雷军用 2 年时间就修完了大学 4 年的课程[②]。

大学的学习成绩是各门课程的加权平均数。什么是加权平均数呢？

举个例子，某同学某个学期一共学了 3 门课程，分别是大学语文（3 个学分，考试成绩是 90 分）、高等数学（4 个学分，考试成绩是 70 分）、大学英语（2 个学分，考试成绩是 80 分），那么这位同学这学期的平均学分绩点是多少？

平均学分绩点 =（3×90+4×70+2×80）÷（3+4+2）=78.9

平均学分绩点就是我们平时所说的 GPA，有些学校的成绩满分为 100 分，但也有学校不采用百分制，而是把学习成绩换算为绩点，绩点的满分有的是 4分，有的是 5 分。

假如某所学校绩点的满分是 5 分，学生考试成绩是 60 分，换算为绩点就是 1 分，考试成绩每增加 1 分，绩点就增加 0.1。比如，某同学考试成绩是 85

---

① 参见北京理工大学迎新网《大学课程与学分》。

② 参见中国新闻网《雷军年度演讲："地狱"式读大学，第一次创业惨败》。

分，换算为绩点就是 3.5 分。

绩点和百分制之间是可以互相换算的，不管满分是 100 分，还是满分是 4 分、5 分，平均学分绩点的计算方法都是相同的，即各科成绩的加权平均数。

了解完学习成绩的计算方法后，接下来我将分享 6 个提高成绩的小技巧。

（1）大学期末考试的考试形式（是考试，还是提交论文）和考试范围（哪一章会重点考查），老师一般会在每学期的第一节课和最后一节课上"透露"一些关键信息，所以这两节课必须认真听讲。

（2）大学课程的最终成绩，不仅看期末考试的成绩，还看平时分——一般会根据学生平时上课的出勤率和平时的作业表现评定。所以，大家上大学期间一定要按时上课签到，认真对待平时的作业。

（3）大学的课程大致可以分为两种：必修课和选修课。必修课，顾名思义就是所有学生必须学的课程，选修课则是学生可以根据自己的兴趣自主选择学习的课程。

有些必修课上课的人数过多，就会由几位不同的老师授课。比如大学语文，很可能有 3 位老师任教，学生可以自由选择上哪位老师的课。这门课程最终的期末评分，可能由该授课老师独立完成，也可能是 3 位老师分板块阅卷打分。

如果某门课程是由授课老师独立阅卷，这时差距就出现了：有的老师阅卷标准严格，给的分数整体偏低；有的老师阅卷标准宽松，给的分数整体偏高。

在选课前，学生可以先找往届的学长学姐了解老师的阅卷风格，然后选择阅卷标准宽松的老师的课程，有可能得到更高的分数。

选修课更是如此，选修课一般不会有多位老师授课，一门课程只由一位老师授课，期末考试也由这位老师评定最终分数。

在考试形式上，有些选修课没有期末考试，只需提交论文即可；有些课程有期末考试。在考试难度上，有些课程的期末考试很简单，有些课程的期末考试很难。

期末考试只是提交论文或期末考试难度低的选修课，往往特别抢手，大家要提前找学长学姐了解相关课程的信息。

（4）很多学校评选奖学金、保研资格等，不只是看学习成绩，还会看校园实践的成绩。

以长安大学为例，学生的最终成绩 = 德育成绩 ×20%+ 智育成绩 ×70%+ 文体美成绩 ×10%。

其中，德育成绩 =75+ 德育加减分，如果学生获得荣誉称号、担任学生干部、积极参加校级活动等，就会获得一定的德育分。

智育成绩 = 学习成绩 + 智育加减分，如果学生考取了大学英语四、六级证书和计算机二级证书，参加了科研训练、做出了科研成果等，就会获得一定的智育分。

文体美成绩 =50+ 文体加减分，如果学生参加体育比赛、非学术性竞赛获得奖项等，就会获得一定的文体美分。

上面 3 项，每项满分 100 分。除了上述的加分项，还会有扣分项。比如，作弊、不参加统一活动等都会被扣分。学校会根据以上 3 项成绩计算学生最后的综合测评成绩，然后按照综合测评成绩的排名评选奖学金、确定保研名额等。

所以，上大学要先了解清楚自己学校综合测评成绩的计算方法，不要光拼学习成绩，还要在其他方面努力，争取获得较高的综合测评成绩。

（5）学校每学年会评定一次奖学金。评选时只看本学年的成绩，不看累积总成绩。

（6）保研一般会看前 3 年总的平均成绩，因此每学期的成绩都很重要。

很多同学上了大学后开始放飞自我，不去上课，期末考试应付了事，最终导致挂科。挂科会有什么后果呢？

在大多数学校中，学生只要挂科，不管其他学科的成绩高低，都会失去保研资格；还有很多学校规定，有挂科的学生不能参加奖学金的评定，不能申请入党，无缘各种荣誉的申报。

此外，挂科还会影响选调生的报考，如辽宁省 2025 年选调生公告中就明确标注"不能存在主干课程挂科补考的情况"[①]；影响企业的报考，如中国电信四川公司 2025 秋季校园招聘中明确规定"在校期间主修课程无挂科或补考"[②]。

更多的企业虽然在校招公告中未提及挂科的影响，但投递简历时都会要求应聘者提供成绩单，所以有挂科的学生在简历筛选环节更容易被淘汰。

挂科较多的学生，很可能会被留级、退学甚至延期毕业。以西北农林科技大学为例，学生一学年未通过课程的学分，如果超过该学年所选课程总学分的40%，会被留级；超过 70%，会被退学。[③]

如果有同学大四的课程挂科，那么他将不得不选择延期毕业来重新学习该门课程。原本 4 年的大学生活，有可能变成 4.5 年或 5 年。

很多同学会问："如果我挂科了，但补考通过了，还算挂科吗？"

补考通过，虽然课程会被视为合格，不影响正常的学业进度，但很多学校的成绩单上都会有"补考"或"*"字样标记。而且，很多学校规定：补考通过的同学，不管考了多少分，该门课程的最终成绩都只会显示 60 分。

所以，在绝大多数情况下，补考通过并不能抹除挂科的痕迹，上大学一定不要挂科！

---

① 参见辽宁省人事考试网《辽宁省 2025 年度选调应届优秀大学毕业生公告》。
② 参见中国电信四川公司网站《中国电信四川公司 2025 年秋季校园招聘启动》。
③ 参见西北农林科技大学资源环境学院网站《关于开展 2024 年本科生学籍清理工作的通知》。

第二节

如何获得奖学金

各所学校都有名目众多的奖学金，很多同学辛辛苦苦利用课余时间打工赚的零花钱，很可能还没有奖学金多。

大学的奖学金有几种？我们又该如何申请奖学金呢？

大学奖学金一般可以分为以下 3 类：政府奖学金、学校奖学金和社会奖学金。它们之间的区别如下所述。

1. 政府奖学金

政府奖学金分为两类：国家级奖学金和省级奖学金。

（1）国家级奖学金主要包括国家奖学金和国家励志奖学金。

国家奖学金，大专至硕士研究生期间都有，大专生和本科生的获奖金额是每人每年 8000 元，硕士研究生的获奖金额是每人每年 20 000 元，根据同学们的综合表现评定。

以上海交通大学 2023—2024 学年本科生国家奖学金的评审规则为例，要求学生的学积分排名与综合测评成绩排名原则上都必须位于专业前 10%，且在社会实践、创新能力、综合素质等方面特别突出。[①]

国家励志奖学金，大专和本科期间有，硕士研究生没有，每人每年 6000 元，每年评选 1 次，只有家庭经济困难且品学兼优的学生可以参与评选。

以西安财经大学 2024 年本科生国家励志奖学金的评审规则为例，要求学生 2023—2024 学年学业成绩排名和综合测评成绩排名均位于专业前 30%，且家庭困难，没有挂科。[②]

（2）省级奖学金是由省级政府设立的奖学金，每个省的评选政策均不相同，有些省份是奖励给品学兼优的学生，有些省份则是奖励给家庭困难且品学兼优的学生，金额从 3000 元到 10 000 元不等。

2. 学校奖学金

学校奖学金是由学校或学院设立的奖学金，一般可以分为两类：综合奖学金和单项奖学金。每所学校的奖励金额和评审政策均不相同。其中，综合奖学金一般分为一等、二等和三等，根据学生的综合测评成绩评定；单项奖学金则是奖励在某一方向表现突出的学生，如学习成绩优秀、见义勇为、竞赛获奖等。

以中国石油大学的奖学金设置为例，综合奖学金分为 3 个等级：一等奖学金 4000 元 / 人；二等奖学金 2000 元 / 人；三等奖学金 1000 元 / 人。另外，设置了 6 个单项奖学金，金额在 800 ～ 2000 元不等，用于奖励在学业、社会

[①] 参见上海交通大学电子信息与电气工程学院（学部）网站《【本科生奖学金】电院 2023—2024 学年本科生国家奖学金评审细则通知》。

[②] 参见西安财经大学学生工作部网站《关于做好 2024 年本科生国家奖助学金评选工作的通知》。

工作、文体活动、科技创新等方面表现突出的学生。[①]

3. 社会奖学金

社会奖学金是由社会组织、企业或个人在学校设立的奖学金，每所学校的评选标准和金额均不相同。比如，华为公司在浙江大学、哈尔滨工业大学、北京理工大学、东南大学等学校设置了华为奖学金。以东南大学的华为奖学金为例，其奖励金额为本科生 5000 元、研究生 8000 元、博士生 10 000 元。

以上就是 3 类常见奖学金的基本情况。那么，学生如何获得上述奖学金呢？

大学的奖学金每年评选 1 次，而且是申请制，它并不会直接发给某位学生，而是需要学生主动递交材料申请。

申请流程一般是由学院或班级通知符合要求的学生准备材料，提交申请，然后经过学院审核，并上报学校，确定最终获奖名单，最后进行公布。

有些奖学金的申请还需要通过班级评议或答辩才可以获得。班级评议一般的流程是由候选人对自己的情况进行全面介绍，然后由班级同学在符合要求的候选人中投票选出。很多学校的国家奖学金需要申请人参加现场答辩，现场介绍自己的情况并接受评委问询，通过答辩方可获得。

不管什么名目的奖学金，其目的都是奖励学习成绩好的学生，所以要想获得奖学金，就一定要十分重视自己的学习成绩。

很多学校评选奖学金还会看综合测评成绩，所以不仅要学习成绩好，还要各方面均衡发展，学习成绩和综合测评成绩都高，获得奖学金的概率才更大。

---

① 参见中国石油大学党委学生工作部（武装部）网站《关于做好 2023—2024 学年本科生学校奖学金评选工作的通知》。

　　奖学金不仅是一种物质奖励，更是一种荣誉。如果某位同学能获得国家奖学金，那么不管他考研还是就业，这项奖励都会有很大的加分作用。

　　有时可能会出现社会奖学金的金额比国家级奖学金或省级奖学金高的情况，我更推荐大家选择后者，因为国家级 / 省级奖学金的含金量往往更高。

　　最后要提醒大家的是，每所学校的奖学金设置和评选规则均不相同，想申请奖学金的同学一定要提前了解自己学校的相关政策。

第三节

如何申请助学金

国家对于贫困大学生的资助政策有很多，一般会分为助学贷款和助学金两大类。接下来，我将分别从入学前和入学后两个角度，介绍一下助学贷款和助学金的申请流程与政策要求。

1. 入学前

（1）国家助学贷款。国家助学贷款分为生源地信用助学贷款和校园地国家助学贷款两种。其中，生源地信用助学贷款是在开学前向当地教育部门申请，校园地国家助学贷款是学生在读期间向学校申请，申请流程、还款方式等方面略有不同，但整体政策都是一样的。

全日制专科生、本科生每人每年申请贷款额度不超过 2 万元，全日制硕士研究生每人每年申请贷款额度不超过 2.5 万元，贷款利率为同期同档次贷款市场报价利率（LPR）减 70 个基点；在校期间，利息由国家全额补贴，毕业后利息自负；贷款期限为学生在校剩余学制加 15 年，最长不超过 22 年。[①]

学生申请的国家助学贷款优先用于支付在校期间的学费和住宿费，超过部

---

① 参见中华人民共和国教育部全国学生资助管理中心网站《普通高等教育学生资助政策》。

分用于弥补日常生活费用。

（2）新生入学资助。中央和部分地区的教育部门会设置新生入学资助项目，资助标准一般是省内院校录取的本科/大专新生每人一次性补助 500 元，省外录取的新生每人一次性补助 1000 元。[①] 该资助项目只针对大专生和本科生，硕士研究生没有。

想申请助学金的同学可以向原就读高中或市、县级教育部门提出申请，提交相关材料。

2. 入学后

（1）国家助学金。国家助学金的资助标准为 3700 元/（人·年）[②]，具体标准由高校在一定的范围内自主确定，分为 2 ~ 3 档。以华中师范大学为例，其国家助学金有 3 个等级，一等资助标准为 4400 元/（人·年），二等资助标准为 3300 元/（人·年），三等资助标准为 2550 元/（人·年）[③]，通常全年会分 10 个月发放。

除了国家助学金，部分省份还会有省级助学金，其申请政策和补助标准此处不再一一介绍，同学们可以咨询所在学校。

（2）学校和社会助学金。各高校会有自己的助学金，资金来源一般是学校事业收入和社会捐赠，由学校统一发放。

每所学校的助学金数量和资助金额均不相同。以广东工业大学为例，该学校除了国家助学金，还有筑梦助学金（2000 元/人）和学生临时困难资助

---

① 参见广西百色德保县人民政府网《2024 年普通高校教育阶段学生资助政策简介（一）》。
② 详情见《关于调整高等教育阶段和高中阶段国家奖助学金政策的通知》（财教〔2024〕181 号）。
③ 参见华中师范大学学生资助中心网站《关于做好 2024—2025 学年度本科生国家助学金评审工作的通知》。

（500 ～ 10 000 元／人）[1]。

以上就是助学贷款和助学金的整体情况。

上节讲到的奖学金，是用于奖励在学业、科研、社会实践等方面取得优异成绩的学生，是对学生优秀表现的一种奖励；本节所讲的助学金主要用于帮助家庭经济困难的学生顺利完成学业，一般对成绩等没有要求。

在申请助学贷款和助学金时，学生一般需要提供《家庭经济困难学生认定申请表》和低保、残疾等相关证件，具体申请要求可以咨询接收申请材料的相关部门。

助学金和新生入学助学资助属于资助性质，无须偿还；国家助学贷款属于信用贷款，需要按期还款。

第二章讲到，我国有学费补偿和国家助学贷款代为偿还的政策，如果毕业后自愿去中西部地区和艰苦边远地区的县以下基层单位工作，服务期达到 3 年及以上，可以由国家返还学费或代为偿还国家助学贷款，对此感兴趣的同学可以重点了解相关政策。

除了助学贷款和助学金，学校还会提供一些勤工助学的岗位，学生可以在学校利用课余时间通过自己的劳动取得合法报酬。家庭经济条件不好的学生只要想努力，会有很多方法可以减轻家庭的经济负担。

---

[1] 参见广东工业大学学生资助管理中心网站。

第四节

没有大学英语四、六级证书能报央国企 / 公务员吗

在大学，知名度最高的证书非大学英语四、六级证书莫属。以前有很多高校将大学英语四级与学位证挂钩，没有取得大学英语四级证书的学生无法获得本科学位证。现在，越来越多的高校取消了这项规定，但仍有极少数高校保留这样的要求。

虽然现在的大学英语四、六级证书不再与学位证挂钩，但它仍然是大学期间最重要的证书之一，很多学校的保研、很多单位的招聘都会要求学生或求职者已考取大学英语四、六级证书。

前文提到的 2025 年国考，有 5301 个岗位对考生的英语水平有要求，占比 25%，其中大多数都是要求取得大学英语四级证书[①]；国家电网、建设银行等很多央国企都要求应聘者具有大学英语四、六级证书。

既然大学英语四、六级证书如此重要，那么我们需要如何报考？达到什么水平才能满足招聘要求呢？

大学英语四、六级考试是由教育部主办的全国性英语水平考试，报名时以学校为单位集体报名，不接受其他报名方式，所以大学英语四、六级考试只有

---

① 基于《中央机关及其直属机构 2025 年度考试录用公务员招考简章》中各职位的报名要求统计所得。

在校生能考，毕业后就不能考了。

大学英语四、六级考试一般每年举行 2 次，考试时间在 6 月和 12 月的中旬，四级考试时间一般为 9：00—11：20，六级考试时间为 15：00—17：25。报名一般在考试前的 2～3 个月，具体考试时间学生要关注所在学校的通知。

大学英语四、六级考试的满分均为 710 分，不设及格线，但该考试的规定是：大学英语四级成绩达到 425 分及以上的学生，才可以报考大学英语六级，所以一般默认大学英语四级和六级的及格线都为 425 分。

我们在大学英语四、六级考试中取得的分数并不是实际考试的分数，而是基于考生答题的整体情况等多种因素考量后的换算分，它可以反映出我们在整体考生中的英语能力水平。

大学英语四、六级的成绩报告单分为电子版和纸质版，二者具有同等效力，考生可以登录中国教育考试网查看并下载电子版。

大学英语四、六级考试的内容为听力理解、阅读理解、写作和翻译 4 个板块，考试形式为笔试，不考口语，还有单独的四、六级口语考试。保研、企业招聘对于口语考试成绩均没有要求，学生可以自行选择是否参加大学英语四、六级口语考试。

目前，大部分学校不允许大一新生报考大学英语四级考试，但也有少数学校允许大一新生报考，所以刚刚进入大学的同学可以提前找辅导员了解学校关于大学英语四、六级的考试政策，尽早报名。

有些学生高考时选择的外语为日语、俄语、德语等语种，不擅长英语，央国企招聘中，对这类学生的要求往往是达到相应语种的四、六级水平即可。例如，中国银行在《中国银行股份有限公司 2025 年春季招聘条件》中规定：报名总行直属机构的应聘者，大学英语四级考试要达到 425 分以上；对于主修语种为其他外语，通过相应外语水平考试的应聘者，可适当放宽上述英语等级要求。但公务员考试中对外语水平有要求的岗位，一般都要求考生具有大学英语四级证书，并未提及可以用其他语言的证书代替。

所以，第二外语不是英语的同学，尽量考取大学英语四、六级证书，这样未来的就业面会更宽。

很多留学生在国外无法考取大学英语四、六级证书，这时可以用其他英语考试成绩代替。目前，认可度比较高的考试主要是雅思和托福，托业、领思、PTE（培生）、DET（多邻国）、剑桥等英语能力考试有些单位认可，但有些单位不认可。

一般认为雅思（满分9分）5.5分及以上、托福（满分120分）70分及以上，相当于大学英语四级水平[①]；雅思6分及以上、新托福80分及以上，相当于大学英语六级水平。[②]

一般来讲，本科生考取大学英语四级证书或达到大学英语四级水平即可，硕士研究生尽量考取大学英语六级证书或达到大学英语六级水平。

---

① 参见前文提及的《中国银行股份有限公司2025年春季招聘条件》。
② 参见成都理工大学学生就业指导与服务中心网站《中石化上海工程有限公司2025年校园宣讲》。

第五节

计算机二级证书有用吗

在大学，除了大学英语四、六级考试，知名度排名第二的考试当属计算机等级考试。计算机等级考试分为 4 个级别，分别是计算机一级、二级、三级和四级。我们经常提到的证书为计算机二级证书。

计算机二级证书在各高校的重视程度没有大学英语四、六级那么高，但在部分学校的保研、评奖评优时，偶尔也能看到"已取得计算机二级证书"的要求。

企业招聘中，国家电网各地区要求应聘者具有计算机二级证书，有些企业虽然在招聘公告中没有明确要求应聘者应具有计算机二级证书，但在网申投简历时需要填写计算机水平，有计算机证书很可能有一定的加分作用；少部分公务员岗位也会有"已取得计算机二级证书"的要求。

所以，有时间的同学应尽早考取计算机二级证书，以备不时之需。

那么，计算机等级考试如何报名？考几级够用呢？

全国计算机等级考试是教育部教育考试院主办的全国性计算机水平考试，分为计算机一级、二级、三级和四级，考试难度依次升高。

和大学英语四、六级考试不同的是，全国计算机等级考试不限年龄、职业、学历等条件，所有人都能报考，而且可以自由选择报考级别，不用通过计算机一级，即可报考计算机二级。

各招聘单位一般要求应聘者具有计算机二级证书即可，不要求计算机三级，所以我在接下来的篇幅中仅介绍计算机二级的招考情况。

计算机二级考试每年举办 2 次，考试安排在 3 月最后一个周六至下周周一、9 月倒数第二个周六至下周周一，报名时间是考前 1 ~ 3 个月。学校一般会有相关通知，考生也需要及时关注全国计算机等级考试官网。

计算机二级考试是全国统一命题、统一考试，考试形式为上机考试，在全国计算机等级考试官网上会公布考试大纲，考试难度不大，考生自学即可通过考试。

满分 100 分，以等第形式公布成绩，考试分数 90 ~ 100 分显示为"优秀"，80 ~ 89 分显示为"良好"，60 ~ 79 分显示为"及格"，0 ~ 59 分显示为"不及格"。所有通过考试的考生都会获得电子证书，没有纸质证书。

计算机二级考试可以选择考 C 语言、MySQL 数据库、Office 等 10 个方向，不管取得哪个方向的计算机二级证书，认可度都是相同的，不想从事计算机专业岗位的考生可以选择考 Office。

Office 考试分为 MS Office 和 WPS Office 两种，考试内容是日常办公软件的操作技巧，对未来工作有较大的帮助。

计算机类专业的同学一般都不用考取计算机二级证书，这个证书并不能证明他们的计算机水平，我建议计算机类专业的同学尽量考取计算机三级证书，对应聘少部分企业有一定的加分作用。例如，河北电网在 2025 届校招公告中明确规定：取得计算机三级及以上证书的同学在同等情况下会优先给予考试资格。[1]

---

[1] 参见国家电网有限公司人力资源招聘平台《国网河北省电力有限公司 2025 年高校毕业生招聘公告（第二批）》。

计算机三级考试有一定的难度，而且只有 5 个方向，分别是网络技术、数据库技术、信息安全技术、嵌入式系统开发技术和 Linux 应用与开发技术，大学课程中涉及相关专业课的同学可以考虑考取该证书。

电子信息类、自动化类等非计算机类专业的同学，虽然在课程中会涉及较深的计算机专业知识，拥有较好的计算机水平，但我仍建议考取计算机二级证书，有能力的学生考取计算机三级证书。因为目前对计算机水平有要求的企业，只是对计算机类专业的同学不要求取得证书，对相关专业的同学仍然有针对该证书的要求。

第六节

要不要考取教师资格证书

很多同学即使不当老师，也会在大学和研究生期间考取教师资格证书，教师资格证书对我们未来的就业会有帮助吗？

前面我们聊到的大学英语四、六级证书和计算级二级证书都属于基础能力证书，所以有些学校的评奖评优、公务员报考和企业的招聘会对此有所要求，但本节要讲的教师资格证书属于教师行业的准入性证书，是从事教师职业的必备条件之一，只有在应聘教师或者教育教学相关岗位时才会有要求。

各学校的评奖评优、各企业非教师岗位的招聘、公务员招考的绝大多数岗位都对教师资格证书没有要求，只有学校老师、教育培训机构老师和极少数教育局、教育委员会的岗位会要求应聘者具有教师资格证书。

以 2025 年北京市市考为例，其中仅有 5 个教育委员会的岗位要求考生具有教师资格证书①，但要注意的是，教师资格证书不是唯一要求，这些岗位还要求应聘者具有教师的工作经验，应届生无法报名。

所以，对于不想当老师或不想往教育方向发展的同学，考取教师资格证书的用处不大。

---

① 基于《北京市各级机关 2025 年度考试录用公务员职位计划表》中各职位的报名要求统计所得。

　　很多同学本着"技多不压身"的想法，想着多考一个证书总没有坏处，从而选择去考取教师资格证书，我个人非常不建议这种做法。

　　我们在应聘企业时，即使已取得教师资格证书，简历上也不会写，因为它不会对应聘企业有任何帮助；而且这个证书的考试既有笔试又有面试，我们有可能要花好几个月的时间备考，有这样的时间不如去找个单位实习或者做个项目，对就业的帮助更大。

　　我知道很多同学的想法是：考取教师资格证书，万一将来想当老师呢？于是，不管专业学的财务管理还是自动化，即使专业与语文、数学等基础学科没有任何关系，很多同学都要考取教师资格证书当作备选方案。

　　我们应该清楚，目前师资条件好一些的学校招聘教师基本都有专业要求，对于语文老师一般仅招收汉语言文学等相关专业，对于数学老师一般仅招收数学等相关专业。只有一些郊区或县级及以下的学校，因为教师资源紧缺，才会不限制报考考生的专业。

　　所以，想要进入好学校当老师，非学科类专业毕业生的应聘成功率很低，"考取教师资格证书，万一能当个老师"，真的是"万一"的概率，投入回报比很低。

　　对于想要去学校或教育培训机构当老师的同学来讲，教师资格证书是一个必要条件。很多学校和培训机构在招聘时明确标注：必须具有教师资格证书。

　　那么，教师资格证书如何考？多久能够考取证书呢？

　　教师资格考试是由教育部教育考试院组织，所有申请幼儿园、小学、初级中学、高级中学、中等职业学校教师资格和中等职业学校实习指导教师资格的人员，都必须参加中小学教师资格考试。

　　就读师范类专业的部分同学，无须考试，可以用毕业证直接认定相应的教师资格。对于这方面具体的政策要求，师范类专业的同学可以咨询学校辅导员。

目前，教师资格考试分为4种，分别是幼儿园、小学、初中、高中教师资格考试，想去中专任教的同学参加的是高中教师资格考试。

本科生和专科生一般都是从大三上学期开始才可以报考教师资格考试，硕士研究生报考教师资格考试没有年级限制；大多数地区，专科生只能报考幼儿园和小学的教师资格考试，本科生及以上才可以报考所有年级的教师资格考试。

教师资格考试分为笔试和面试两个部分。只有笔试合格的同学，才能参加面试。笔试和面试每年都有两次考试机会。

以2025年为例，上半年的笔试时间为3月8日，面试时间为5月17—18日；下半年的笔试时间为9月13日，面试时间为12月6—7日。

教师资格考试采用网上报名的方式，报名网站为教育部教育考试院网站，笔试采用线下笔试形式，面试采用结构化面试、情景模拟等方法，通过备课、试讲、答辩等方式进行。

考幼儿园和小学教师资格证书的同学，笔试只需考两科，即《综合素质》和《保教知识与能力》或《教育教学知识与能力》；考初中和高中教师资格证书的同学，笔试需要考3科，在前两科的基础上需要再考一门学科知识。比如应聘的是数学老师，需要加试数学的学科知识与教学能力。

幼儿园教师资格证书不分科目，小学教师资格证书分科目，但在笔试时无须加试学科知识，考生只需在面试时选择一个学科进行面试。

初中教师资格笔试分为语文、数学、英语、物理、化学、生物、思想品德、历史、地理、音乐、体育与健康、美术、信息技术、历史与社会、科学

15 个学科。

　　高中教师资格笔试分为语文、数学、英语、物理、化学、生物、思想政治、历史、地理、音乐、体育与健康、美术、信息技术、通用技术 14 个学科。

　　想应聘什么学科的老师，就考什么学科的教师资格证书。比如，我们取得数学的教师资格证书，就只能去当数学老师。

　　教师资格证书可以向下兼容，不能向上兼容。比如，某同学考取的是高中教师资格证书，那么该同学既可以在高中当老师，又可以去初中和小学当老师，但如果只有小学教师资格证书，那么只能在小学当老师，不能去初中和高中当老师。

　　有能力的同学尽量考取更高年级的教师资格证书，适用的范围更大，但这也意味着考试难度更大。

　　教师资格笔试成绩有效期 2 年，单科成绩有效期也是 2 年。在 2 年有效期内，考生若有未通过的科目，只需报考未通过的科目即可，已通过的科目无须重考。

　　考生需要在笔试成绩有效期内通过面试，若笔试成绩过期，面试成绩将无效，需要重新参加笔试和面试。

　　面试通过后，考生会获得《中小学教师资格考试合格证明》。该证明有效期 3 年，考生需要在 3 年内参加教师资格认定，逾期未参与认定或认定未通过，就要重新参加笔试和面试。

　　教师资格认定时需要提供《普通话水平测试等级证书》，语文教师一般要求普通话水平在二级甲等及以上，其他老师达到二级乙等及以上即可。不想考取教师资格证书的同学，无须考取《普通话水平测试等级证书》，这个证书对于应聘企业并没有什么帮助。

第七节

常见的考证误区

除了前面提到的 3 个证书，大学生能考的证书还有很多，如机动车驾驶证、导游证、人力资源管理师、全媒体运营师、心理咨询师等，数不胜数，我想要一一介绍完肯定是不可能的。

在本节，我想和大家聊聊选择考证的思维方法，帮助大家找到自己专业需要考取的证书。

我们先来看看同学们选择考证时最容易陷入的 4 大误区。

1. 跟风

很多同学没有明确的职业规划，不知道自己未来要干什么，看到其他同学做的事情，不管有没有用，总想跟着一起做。这种"跟风努力"的行为非常不可取。

社会的运行法则不是"只要多学点，肯定没坏处"，而是"方向不对，努力白费"。没有目标时，厘清方向才是最重要的，我们可以积极地尝试各个方向的实习，找各个行业的前辈咨询，尽早确定自己的目标方向比跟风努力更明智。

2. 广撒网

有些同学特别努力，所有能考的证书全部都考，每天不是在考证，就是在考证的路上，大学期间非常忙碌，没有时间顾及其他。这种看似努力的行为也不可取。

我们的大学时间非常有限，我们必须把时间花在刀刃上，考太多的证书看似没有什么坏处，但浪费了最宝贵的时间，原本我们可以利用这段时间去做更有意义的事情，这种损失才是最大的。

3. 太过重视证书

我经常会遇到同学向我咨询："大倪老师，我没有大学英语四、六级证书和计算机二级证书，是不是找不到工作呀？"

证书重要，但不是唯一重要的事情，只要我们应聘的方向不严格要求某个证书，那么证书就只是加分项，不会有太大的影响。从目前的校招看，大多数企业都没有对某个证书的严格要求，没有某个证书并不会造成多么严重的后果。

4. 盲目听信机构

有些同学太过单纯，仅听机构的一面之词，自己不去做任何调查，就认为某个证书的含金量很高，花了几千元报培训班开始学习。

证书培训机构肯定会说证书好，每个证书都有其存在的意义，但它不一定对所有人都有用。报名考取某个证书前，大家一定要先查询证书的相关资料，详细了解，形成自己的判断。

跳过上述 4 个误区后，我们才可以理性思考自己到底需要考取哪些证书。

目前的证书大致可以分为两类，一类是准入性证书，是指进入某个特定行业、职业或领域必须具备的资格证书。比如，从事教师工作必须有教师资格证书，当医生必须有执业医师资格证书，当律师必须有法律职业资格证书。

想要往某个方向就业，这个方向的准入性证书就是必需的，但对于有些证书，我经常劝同学们在大学期间先不要考。

比如注册会计师，它是从事注册会计师和审计类岗位必须具有的证书，但没有该证书的同学也可以进入会计师事务所等单位，从事审计助理岗位。也就是说，虽然注册会计师属于准入性证书，但没有该证书也可以先工作。

对本科生来说，这个证书只能在大四考，难度很高。绝大多数同学一次考不下来，即使考下来，大四上学期的 11 月下旬才会公布成绩，这时很多企业的秋招已经结束，对于在秋招时找工作的帮助不大。

所以，对于考试把握不大的本科生，与其把时间花在通过率较低的证书上，不如先去实习，毕竟实习是明确可以增加自己就业竞争力的事情，注册会计师留着工作后慢慢考即可。

同样是注册会计师，如果是硕士研究生，我就特别鼓励考，因为：一方面，从大四开始到硕士研究生毕业前可以考 4 次，通过的概率更大；另一方面，实习的时间也更多，不急于一时。

所以，对于行业准入性证书，大家要根据自己的实际情况决定报名考试的最佳时间。

另一类是水平评价类证书，是指对某个人的专业知识和技能水平进行评价和认定的证书。比如，前文提到的计算机等级证书，计算机四级比三级的水平更高，三级比二级的水平更高；会计师资格证书，高级会计师比中级的水平更高，中级比初级的水平更高。

这些证书虽然不是进入某个领域的必备证书，但能够考取该证书是学生能力水平的一个很好的证明。

要注意的是，虽然水平评价类证书不是必备证书，但某些企业在校招时可能对它有硬性要求。比如，部分央国企在招聘会计岗位时，会明确要求应聘者必须具有初级会计师资格证；部分企业在校招时，会明确要求应聘者必须具有大学英语四、六级证书和计算机二级证书。

如何知道自己的专业需要考什么证书呢？

最好的方法还是"以终为始"，从想好目标就业方向的那一刻开始，就提前为就业做打算。

我们可以提前参加各家企业的宣讲会、招聘会，现场咨询它们对某个岗位的招聘要求；也可以打开各个求职软件，搜索目标岗位的招聘要求，结合要求，早做准备，逐渐让自己成为企业最想要的人才。

举个例子，我最想应聘的岗位是会计岗，我在大一就去求职软件上搜索会计岗位的招聘要求，看到光明食品（集团）有限公司对于校招的会计岗位要求如下。

职位描述：

- 根据企业会计准则进行会计核算，确保原始凭证真实合法，及时完成每月业务对账，结账工作。
- 整理以前年度账目，逐笔纠正差错。
- 完成每月出口退税申报工作，确保月度退税资金正常回笼。
- 维护 SAP 和报账系统，确保系统正常运行。
- 准确核算各类税金。

- 完成会计凭证、退税资料等档案管理。

- 完成部门负责人安排的其他事项。

任职要求：

- 大学本科及以上学历，财务会计、审计类相关专业优先。

- 大学英语四级以上，熟练掌握相关办公软件和专业软件。

- 具有较强的沟通表达能力和逻辑思维能力，工作认真负责，具有团队意识。

- 具有财务相关专业证书或相关工作经验者优先。

如果我提前做了这项调研，那么我在大学期间会清晰地知道《基础会计》《税务会计》《审计学》等课程的内容以后一定会用到，努力学习这些课程，比学其他课程更有用；我清楚地知道我在大学必须考取大学英语四级证书和财务相关专业证书，它们对我的就业有直接的影响。

在搜索过程中，有可能会发现某家企业的招聘要求和岗位职责写得不够具体，这时我们可以多搜索一些企业，以便对企业的招聘要求有一个非常清晰的了解。这时，我们再回来做大学规划，目标会更明确，执行起来也会更有动力。

最后要提醒大家的是，我国的人力资源和社会保障部每年都会发布专业技术人员职业资格考试工作计划[1]，这份计划名单上的证书都比较有含金量，大家可以挑选自己需要的证书进行报名考试。

---

[1] 详见《人力资源社会保障部办公厅关于 2025 年度专业技术人员职业资格考试工作计划及有关事项的通知》（人社厅发〔2025〕1 号）。

第九章

实习

对准备就业的同学来讲，实习是最需要提前做准备的事情，可是为什么要找单位实习，又该怎么找单位实习，很多人都是一头雾水。

　　在本章中，我会把大家对实习有疑惑的地方全部都讲明白，让大家更清晰地了解实习的规划思路和实习单位的寻找方法。

第一节

为什么要实习

实习很重要，我在直播间天天都在讲：大家一定要早早找单位实习，讲得大家的耳朵都要听出茧子了。本节咱们换个思路，先聊聊什么情况下不用找单位实习？

首先，只想考公的同学不用找单位实习。

只要符合学历、专业等基础条件的同学都可以报名公务员考试，所有报名成功的同学都可以参加笔试，笔试成绩优异的同学都可以进入面试。考公的面试基本上都是"双盲面试"，考生不知道面试官是谁，面试官也不知道考生是谁，面试通过与否全凭考生在面试现场的表现。在这个过程中，不会有人关心考生的实习、比赛、学生干部等各种经历。

其次，考研可以不用太重视实习。

考研的报名、笔试和公务员考试一样，只要符合基础条件的同学都可以报名，笔试考查只看分数。只有在面试现场，面试官才能看到考生的简历。这时，面试官最看重的是考生的专业知识和科研能力，实习经历代表考生将理论知识应用于实际工作的能力，不是面试官关注的重点。

所以，想考研的同学在考研前，可以把精力更多地放在学习成绩、学科竞赛、科研训练等方面，考研后再重点规划实习。毕竟硕士研究生毕业还是要找工作的，实习经历是一定要有的。

再次，考事业单位分情况进行实习。

大多数事业单位的报名、笔试和公务员考试一样，只有在面试现场，面试官才能看到考生的简历。如果考生应聘的是专业技术类岗位，这类岗位更看重专业能力和科研能力，学习成绩好、科研成果突出的考生会更占优势；如果考生应聘的是职能管理类岗位，这类岗位主要看重的是实践能力，有实习经历的考生会更占优势。

所以，想考事业单位编制的同学要根据自己应聘岗位的需要，决定是否提前寻找相关单位实习。

最后，进企业最好有实习经历。

很多企业在校招中都明确提到希望应聘者拥有相关实习经历。比如，中国机械工业集团在审计岗位的校招中，明确提到有会计师事务所实习经验者优先；中粮集团在糖类研发专员岗位的校招中，明确提到应聘者需在实习或课题研究中，参加过相关工作。

所以，对想应聘企业相关岗位的同学来说，有实习经历会在求职时备受青睐，而且有多段大公司实习经历的同学会更占优势。

很多同学对此有疑问："为什么企业如此看重应聘者的实习经历？"其主要原因在于，提前实习过的同学和没有实习过的同学之间的工作表现区别较大。

我还记得第一次实习时，我犯了很多职场小白都会犯的错误：分不清自己的职能范围，所有工作照单全收；不清楚工作流程，越级去找领导汇报；工作粗糙，达不到公司的输出标准，估计当时的领导很多时候都对我挺无语的。

每个人在职场初期一定会有"愣头青"的时刻，每个人都是逐渐在犯错中成长，最后成为一名合格的职场人。有实习经历的同学在实习过程中出现过职场新人会犯的错误，并吸取教训不断蜕变，哪家企业不愿意招聘这样更成熟的职场人呢？

目前，同学们在学校学的知识与社会的实际需要有一定的差距，仅靠在学校里学的内容根本不足以胜任工作。有实习经历的同学，对工作内容已经有了一定的接触，甚至可以将工作做得非常不错了。企业招聘这样的同学，不用付出太大的培训成本，直接就可以创造价值。

不管出于哪个方面的考虑，有实习经历的同学在校招中一定会备受青睐。

对同学们来说，实习最大的好处在于提前试错。

我遇到很多同学工作一段时间后，才发现自己不喜欢某份工作，不得不辞职再重新选择就业方向。这时，他已经失去了应届生身份，又没有工作经验，只能通过社招找工作，结果往往都不理想。

在校期间的实习是一次很好的试错机会，想去哪个方向工作，先去找这个方向的实习岗位试试，喜欢就深入学习，不喜欢就赶紧换。

很多同学对未来的就业方向很迷茫，但光靠想是解决不了迷茫的，只能不断地尝试，实在找不到特别喜欢的就业方向，最起码要找一个不讨厌的就业方向。

很多学校都要求学生去实习，实习还占一定的学分；实习过的学生经历一轮投简历、面试的环节，往往在校招中能找到更好的工作。

另外，有些企业的实习生在实习过程中表现优异，得到领导青睐，可以转正，连校招都不用参加。

实习的好处多多，坏处只有一个，就是同学们要牺牲寒暑假休息的时间，大学生活会更忙碌。如果你觉得这个坏处影响不大，就多多实习吧！

第二节

如何选择实习单位

关于实习的重要性不用我多讲，大家都很清楚，目前大家在找单位实习方面遇到真正棘手的问题是："我要找什么样的实习才有含金量呢？"

我们找实习时需要考虑岗位、企业规模等多种因素，如果把它们按照重要性从高到低进行排序，那么它们的排序将是下面这样的。

1. 岗位

企业要求的实习经历并不是什么岗位的实习都可以，只有相关岗位的实习经历才算有效实习。比如，某同学明明想应聘的是会计岗位，但他找了销售岗位的实习，这段实习经历与会计工作完全没有关系，企业也不会参考这样的实习经历。

找单位实习之前，大家一定要定好大概的目标岗位，奔着目标岗位找实习才真正有用。

2. 行业

企业在校招时，除了会要求应聘者拥有相关岗位的实习经历，还希望应聘者是在相关行业实习的。这一点在职能类岗位的校招中体现得不太明显。比如宣传岗位，不管在什么行业实习，我们做的都是宣传工作，只不过宣传的产品不一样。

在技术岗位中，不同行业之间的工作内容差距特别大。比如软件开发岗位，互联网行业开发的软件要面对海量用户，而传统制造业开发的软件仅面向少量用户，它们在技术架构上存在明显区别。有相关行业软件开发实习经历的应聘者有过相关工作经验，更熟悉行业特点，能够更快地胜任工作。

3. 企业规模

一般来讲，大型企业的品牌影响力大，招聘要求更高，而且组织架构完整，工作流程规范，有先进的技术设备和更广阔的平台，学生在实习时，其个人能力可以得到更好的锻炼。

在企业看来，有大型企业实习经历的应聘者，往往综合素质更高，工作能力更强。在实际招聘中，有大型企业实习经历的应聘者往往简历通过率更高，更受招聘企业青睐。

4. 企业类型

在前面 3 点都相同的情况下，我们可以优先选择自己未来想就业的企业类型进行实习。比如，某同学未来想去央国企，在岗位、行业、企业规模都相同的情况下，可以优先选择进入央国企实习。

极少数央国企在校招中会标注：有央国企实习经验者优先。实际上，各个企业的工作氛围、工作流程都有较大的区别，即使同样是央国企，往往也有较大的不同，所以企业类型的影响不大。

5. 地点

同等情况下，我们可以优先选择自己家乡所在地或学校所在地的实习机会，这样更省钱也更安全。

6. 工资

实习工资是放在最后考虑的事情，毕竟实习的主要目的不是赚钱，而是想通过实习积累相关工作经验，以便未来更好就业。

大多数实习的工资都在 2000 ~ 3000 元 / 月，差距不会太大，仅有极少数企业的实习生工资特别高。

总结一下，在选择实习机会时，各种因素的重要性排序是岗位 > 行业 > 企业规模 > 企业类型 > 地点 > 工资。其中，前 3 个因素重点考虑，后 3 个因素的影响不大，大家不要在不重要的事情上过多纠结。

每次提到实习这个话题时，很多学员都会问我："听说学校会安排学生去企业实习，这种实习有用吗？"

目前，学校安排的实习主要有 3 种，第一种是认知实习，简单来讲就是参观实习，学校会带着学生去相关企业参观访问，听取企业介绍，观看生产流程。对就业来说，这种走马观花式的实习没有太大用处，时间太短，只能简单了解一些基础信息。

第二种是课程实习，一般与某门课程紧密结合。学校会带着学生去企业或者校内的实习基地进行某项技术的实践操作。这种实习的主要目的是加深学生对课程内容的理解和应用，对就业的用处不大。

第三种是顶岗实习，学校会安排学生深入某家企业工作一段时间。这种实习是有用的，但很多学校的实际情况是，要么没有这样的实习，要么只安排到小公司实习。

学生的实习岗位要听从学校的分配，很多时候，即使安排的是相关企业，也不一定是相关岗位。比如，学校安排某计算机类专业的同学到公司去做软件开发，实际上该同学不喜欢技术岗，更想去互联网行业的运营岗实习。

所以，实际情况是，学校只能提供基础的教学服务，仅凭学校提供的资源并不能让学生拥有很强的就业竞争力，更高阶的求职需求只能学生自己规划。

很多学生找不到单位实习，是因为他只在自己家乡所在地或学校所在地找实习岗位，寻找的范围较窄。

在经济条件允许的情况下，我建议大家尽量扩大地区范围找实习单位，在实习上的投入属于投资，未来就业时会获得多倍的收益回报，还是很值的。

当然，有些同学真的没有时间去实习。比如很多理工科的硕士研究生，导师根本不允许出去实习，这时大家想通过线上实习的方法弥补，线上实习有用吗？

现实情况是，绝大多数企业都不招线上实习生，因为线上实习确实不方便沟通与工作；极少数企业可能会招线上实习，但安排的工作内容往往较为简单，含金量远远不如现场实习。

在实在无法现场实习的情况下，可以线上实习，总比没有实习要好一些，但有时间的情况下，大家尽量现场实习。

第三节

如何获得实习机会

目前，企业的实习机会有两种类型：一种是日常实习；另一种是可转正暑期实习。两种实习寻找的方法和渠道有很大的区别，具体情况如下所述。

1. 日常实习

日常实习是企业为了满足日常运营的人力需求面向在校生提供的一种实习机会。简单来讲，企业中的员工都太忙了，工作干不过来，但企业又没有招正式员工的名额，只能招实习生来干活。日常实习生一般不能转正。

日常实习的工作一般比较简单，招聘标准不太高，最重要的招聘标准只有一个，就是能帮企业干活，而且干的时间越长，企业越喜欢，毕竟干的时间越长，工作越熟练，越让人省心。

应聘日常实习没有年级限制，大一至研三均可，有些企业可能会更倾向于大三及以上的学生，因为高年级的学生往往会的技能更多，大一、大二的日常实习机会相对少一些。

我非常鼓励同学们早早去找单位实习，因为实习经历是需要不断迭代的，同学们的第一段实习往往不会找得太好，但有了一段小公司的实习经历，第二段实习、第三段实习会越找越好，越来越有含金量。

应聘日常实习的同学可以通过各种求职网站投递简历，如国聘、智联招聘、BOSS 直聘、前程无忧等。企业会从投递简历的同学中筛选优秀的同学进行面试。面试一般有 1 ~ 2 轮，全部通过后，学生即可去企业实习。

这里要提醒大家的是，不要只在一个求职网站上投简历，每家企业合作的网站是不同的。比如，A 公司是和智联招聘合作，只在智联招聘上发布招聘信息；B 公司是和前程无忧合作，则只在前程无忧上发布招聘信息。

企业不会在每个求职网站上都发布招聘信息，只会在少数几个网站上发布招聘信息，而且每个求职网站上的信息都是不一样的，只看一个网站会漏掉大量的信息。

2. 可转正暑期实习

可转正暑期实习和日常实习的招聘目的不一样，可转正暑期实习是有明确的人才选拔和培养方向的实习项目。企业发布可转正暑期实习的主要目的不是招人来干活，而是要在实习生中挑一些好苗子作为人才储备。

所以，我们看到可转正暑期实习的时间一般都不会太长，往往为 1 ~ 2 个月。其间，企业会安排一些有挑战性的任务让实习生完成。实习结束后，有些企业会直接将实习生转正，使其成为企业的正式员工，有些企业会安排实习生的转正答辩。在转正答辩中，所有实习生要对自己的工作和个人能力进行总结，以此争取留用机会。

这里所说的转正是指拿到正式录用通知书，而不是立刻去企业上班。比如，2026 年 6 月毕业的同学会在 2025 年 7—8 月参加可转正暑期实习，如果获得转正机会，会在 2025 年 9 月和企业签订三方协议，然后等到 2026 年 7 月毕业后再去企业上班。

　　有些企业的可转正暑期实习机会特别多。比如，字节跳动公司在 2025 年 2 月招聘的 2026 届可转正暑期实习有 4000 多个名额 [1]，而在 2024 年 8 月招聘的 2025 届秋招才 4000 多个名额 [2]，2025 年 3 月招聘的 2025 届春招才 1500 多个名额 [3]。也就是说，可转正暑期实习的规模与秋招一样，并远远超过春招。

　　央国企对于可转正暑期实习生的招聘规模没有私企这么大，但整体的趋势是越来越重视可转正暑期实习，因为可以通过实习和候选人长时间深入接触，这样的招聘比仅仅通过笔试、面试短时间接触的校招筛选人才出现的误差更小。

　　有一些央国企在可转正暑期实习结束后并不能直接转正，而会在秋招时给予一定的照顾。比如我的 1 对 1 陪跑学生中，就有学生通过四大行 [4] 的暑期实习获得秋招免面试机会，其他学生需要投简历、笔试、3 轮面试才能进入该银行，而那位学生只需要投简历、笔试通过即可获得体检和签约机会，3 轮面试都不用参加。

　　可转正暑期实习的转正率一般比较高。比如，前面提到的字节跳动公司在 2024 年公布的可转正暑期实习的转正成功率为 79% [5]，也就是每 5 个参加可转正暑期实习的同学有 4 个可以转正。

　　可转正暑期实习是指毕业前 1 年的暑期实习，它的申请时间一般会在当年

---

[1] 参见微信公众号"字节跳动招聘"于 2025 年 2 月 20 日的发文《4000+Offer! 字节跳动 Byteintern 实习生招聘启动！》。

[2] 参见微信公众号"字节跳动招聘"于 2024 年 8 月 6 日的发文《4000+ 需求！字节跳动 2025 校园招聘正式启动！》。

[3] 参见微信公众号"字节跳动招聘"于 2025 年 3 月 3 日的发文《字节跳动 2025 春招补录启动！1500+Offer 等你！》。

[4] 四大行包括：中国银行、中国工商银行、中国农业银行、中国建设银行。

[5] 参见微信公众号"字节跳动招聘"于 2024 年 6 月 11 日的发文《转正成功率 79%! 暑假来字节跳动实习，你将收获什么？》。

暑假提前 1 ～ 6 个月。以中国银行为例，中国银行 2026 届的可转正暑期实习的实习时间为 2025 年 6 月开始，但申请时间为 2025 年 3 月 3—18 日，提前 3 个月开始报名。[①] 还有一些企业提前 6 个月就开始招聘，相当于同学需要在毕业前的一年半就开始申请。

少部分企业在毕业前 1 ～ 2 年的寒假也有可转正寒假实习。比如，有些企业在 2025 年 1 月寒假期间，会招录 2025 年 6 月毕业的学生或 2026 年 6 月毕业的学生进行实习。

可转正暑期实习的申请流程非常正规，往往和秋招一样，学生需要前往应聘企业的官网投递简历，经过筛选，通过的学生可以进入笔试，笔试通过可以进入面试，一般 3 轮面试，都通过后可以拿到实习录用意向书，放暑期后前往该企业实习。

大家每次问到可转正暑期实习信息的寻找渠道时，我都比较苦恼，不知道如何回答，因为每家企业都是在自己的官网或者官方公众号上发布信息，目前没有统一的汇总网站。

可转正暑期实习的招聘门槛和秋招相差不多，建议简历上已经有丰富经历的同学可以尝试一下可转正暑期实习，因为这时报名的同学较少，竞争没有秋招那么激烈，即使没有申请成功，在绝大多数企业秋招时也可以再次报考。

以上就是日常实习和可转正暑期实习的整体情况，在找单位实习的过程中，我还经常被问到以下 3 个问题。

（1）很多企业要求实习 3 个月，寒暑假时间不够怎么办？

对日常实习来说，企业肯定是希望实习生的实习时间越长越好，但学生的

---

① 参见微信公众号"中国银行人才招聘"于 2025 年 3 月 3 日的发文《中国银行 2025 年春季招聘和实习生招聘同步启动》。

寒暑假只有 1 ～ 2 个月，遇到要求 3 个月的实习机会，我的建议是不用管直接报。如果成功应聘，我们首先尽自己所能地多实习一段时间，实习时间实在不够提前走也不会有太大的影响。

担心自己没有履行承诺，可以通过做好收尾工作弥补。比如，提前半个月约定离职时间，积极帮助企业寻找实习接班人，和接班人做好交接，或者回学校后再适当承担一些线上工作。

有些同学担心的是，企业不给开实习证明，怎么办？实际招聘中，绝大多数企业并不看同学们的实习证明，只要面试时能够对实习工作对答如流，面试官会认可这份实习的真实性。

有些同学即使有实习证明，但在面试时关于实习工作说不出所以然或前后矛盾，也会被认为是实习经历造假。所以，有没有实习证明影响不大。

（2）托人找的实习和自己投简历找的实习一样吗？

完全一样，找实习的方法不重要，在实习中真正做了工作、学到东西才重要。同学们的第一份实习往往不太好找，可以找亲戚、朋友、老师等介绍到公司去实习。有了第一份实习，后续实习会好找很多。

要注意的是，有些家长托朋友找的实习单位是小公司，很可能不如同学们自己找的实习单位更有含金量。

（3）毕业后还能去实习吗？

目前，绝大多数企业的实习生招聘都是针对在校生，毕业后的学生再找实习比较难。不过有一种情况是被允许的，就是虽然毕业了，但还要继续攻读硕士研究生的学生，可以在大四毕业后的暑假以在校生的身份实习。

第四节

没时间实习怎么办

有很多同学没有早早规划，等到快毕业时才发现就业需要提前实习，心急如焚但又无计可施。我在这节将给大家提供一些没时间实习的解决方法，供大家参考。

1. 提前选课

大学课程是自己选的，只要最后能修够学校要求的学分，我们就可以自己决定每学期选课的数量。想要实习的同学可以在大三上学期之前多多上课，尽量把大三下学期空出来，以便更好地找实习。

当然，每所学校的规定不同，即使不能把大三下学期的时间完全空出来，也可以在选课时把课程集中在 1 ~ 2 天内，用剩余的时间进行实习。

在大三时，我就把课程都选在了周一和周二，剩余的 3 天去企业实习。有很多企业招聘实习生时，只要求每周有 3 天到岗即可。

2. 把握好开学前

开学后，很多理工科的硕士研究生没有时间去实习，还有些同学在国外读硕士研究生，很难回国一次，这种情况我都建议在硕士研究生开学前去实习。

被保研的同学往往在大四下学期的 9—10 月就已经完成保研流程，考研的同学往往在大四下学期的 4—5 月收到录取通知书，申请留学的同学时间不确定，但不管是以上哪种情况，在硕士研究生开学前都有比较长的空闲时间。这段时间既没有学习压力，又没有升学压力，是很好的实习时间。有些同学甚至可以利用这段时间多在几家不同的企业实习，提前积累实习经验，为硕士研究生毕业后的就业做足准备。

3. 线上实习

线上实习、远程实习都是指通过网络沟通的方式完成实习任务，不用到企业实地办公。虽然这样的机会比较少，而且多为基层岗位，但有一些专业的同学确实有比较适合的岗位。比如，很多企业会招在线设计人员，在线完成设计图片；教育培训机构会招线上 1 对 1 教学老师，网上辅导学生功课。

线上实习的寻找渠道和上一节内容讲到的线下实习一样，都是通过求职网站投递简历。

4. 技能培训

目前，有很多机构提供各种技能的培训，无法出去实习时，大家选择报技能培训班也是一个不错的选择。比如，想应聘职能管理岗的同学一般都需要熟练掌握 Office 办公软件，我们就可以在学期中报名 Office 培训班，专门学习办公技能。这种培训经历对未来就业会大有帮助。

技能培训班既有线下培训，也有线上培训，选择线上培训的方式既不耽误学习，又能以较低的价格学到技能，这是一种相对省时省力的培训方式。

5. 自媒体

很多时候，我们也不一定非要去企业实习才能收获实践经历。比如，想应聘新媒体运营、宣传等岗位的同学，可以注册抖音、快手、小红书、公众号等自媒体账号，自己剪辑视频、发布内容。如果能积累一定数量的粉丝和拥有较高播放量的作品，对日后的就业也会大有帮助。

我还看到某公司在招聘软件开发岗时，在招聘要求中这样写道："有技术博客的同学优先录取。"不只是宣传类岗位，技术岗位也会有很多交流论坛，同学们在这些论坛上长期分享自己的技术经验，也能在一定程度上证明自己的技术水平。

6. 参加专业比赛

很多同学无法去企业实习，可以在学校参加一些与专业相关的比赛，如果在比赛中获得不错的名次，含金量也很高。关于比赛的内容，我会在后文中详细介绍。

7. 自己做项目

除了学校里会有项目，社会上也会有很多项目可以报名参加。例如，有很多同学跟着网上认识的朋友做项目，有同学自己组队做项目。

总的来讲，简历上的实习、项目经历等这些内容，怎么找的不重要，做了什么才重要。以上方法算是抛砖引玉，大家在参考的同时可以考虑还有没有其他方法可以做点什么，以便提高自己的就业竞争力。

第五节

哪些实习不能去

大学期间，时间是最宝贵的，面对各种各样的实习机会，我们需要一直做选择题。在与学员们聊天时，我发现很多学员虽然每个寒暑假都很忙碌，但大多是无效实习甚至违法实习，对就业并没有什么用处。

哪些实习属于无效实习呢？最常见的有以下 5 种。

1. 流水线操作工

我在大二的寒假去某公司做生产线操作工，当时负责给手机贴膜。我清楚地记得当时我们的生产工序是这样的：负责第一道工序的同事需要把手机膜精准地放在手机屏幕上；负责第二道工序的同事需要把放好膜的手机屏幕放入机器，经过机器压制，使手机膜与手机完美贴合；我负责在机器的另一头接住从机器里出来的手机屏幕。

所以，我每天的任务就是坐在那里，一只手接手机屏幕，手里放不下了，另一只手接过来放到盒子里。每天重复几百次，完全没有技术含量。

这份实习工作的收入比较可观，作为实习生，包吃包住，每天工作 10 小时，每天 100 元，整个寒假我大概挣了 3000 元，这是我当时两个月的生活费。

生产线操作工的工作非常好找，只要你想去，会有很多公司抢着要你，但这样的工作无法提供锻炼专业能力的机会，对个人未来的就业毫无帮助。

我在最后找工作时，简历上没有写任何关于这段经历的内容，在面试时也从未提及。这段实习经历的目的单纯就是打零工挣生活费，对就业不仅不会加分，甚至还有可能因为职业规划不清晰而被扣分。

2. 家教

我在大学期间做过家教，这是我做过最赚钱的兼职，每次补课 2 小时，当时天津的市场价是 300 元。另外，来回路上坐公交车也需要 2 小时，相当于 4 小时赚 300 元。

这份工作体面、时薪高，但因为是上门家教，会有一定的危险因素。对于未来想去学校或教育培训机构当老师的同学，在保证安全的情况下，这是一份非常不错的兼职，既能获得可观的收入，也能积累教学经验。

当时的我并不想当老师，我大学毕业后应聘的是管理类岗位，这段兼职与我的应聘岗位不相关，同样也成为我在求职时绝口不提的经历，对我的就业没有产生任何帮助。

3. 外卖员 / 快递员

相较于工厂流水线，外卖员 / 快递员的工作要好一些。在这个过程中，既会有对脑力的考验，比如如何抢单，如何派送最省时间，出现意外情况时如何与客户沟通；又需要很强的体力，因为你要骑着电动车在高楼大厦之间来回穿梭。

如果你未来想要进入美团、顺丰等外卖、快递企业，外卖员 / 快递员是一次非常好的实际体验一线工作的机会。但是，很多同学想应聘的是行政岗、财务岗、工程师等职能和技术类岗位，外卖员 / 快递员的实践经历并不会起到锻炼个人能力的作用，只会让用人单位觉得你的职业规划不清晰。

有些人可能会觉得这类实习可以锻炼自己的抗压能力和沟通能力，实际上，我们根本就没有必要通过如此辛苦的工作锻炼自己的抗压能力，它们锻炼的也不是相同的抗压能力。有这样的时间不如去找一下行政、财务等相关岗位的实习，体会真实工作场景中的工作要求，锻炼自己的多任务处理能力，这种经历对自己的提升会更直接一些。

4. 服务员 / 收银员

很多同学在大学期间会去肯德基、麦当劳这样的餐厅打工，大概的时薪是14 元，也有很多同学去超市做收银员，时薪差不多，1 天下来大概挣 150 元。

这份工作看似兼职，我们可以干半天，剩下的半天用来学习，实际上很多同学工作半天就已经非常累了，剩下的半天基本无法用来学习。

对于不想去餐饮、零售行业就业的同学来讲，这样的实习并不会有任何帮助，而且在服务行业会遇到形形色色的顾客，个中委屈只有体会过的人才能理解。

5. 涉嫌违法违规的工作

我们在找实习的过程中还会遇到一些违法违规的实习工作。比如，有些同学可能会看到贷款催收公司的实习机会，每天的工作任务比较简单，只是打打电话，发发短信。

之前已经出现过多起贷款催收公司、大数据公司负责人被警方带走的情况。比如，曾有注册资本 5000 万元，员工人数超 2000 人，有 8 家分公司的大型贷款催收公司，现场被警察带走数百名员工的情况。[①]

贷款催收一直就是灰色地带，大数据公司有可能会涉及侵犯个人隐私；另外，电商平台刷单也是被法律明令禁止的。我们在找实习单位的过程中，一旦发现公司的业务涉嫌违法违规或者打擦边球，应趁早远离，因为即使不知情，但作为员工参与了相关工作也会受到牵连。

总的来讲，实习是否有效和合法与我们未来的就业方向有很大的关系。

如果我们实习的工作和未来就业方向相关，哪怕是基础岗位，体验一下都是有用的；但是，如果与就业方向不相关，很多工作就只是算作"兼职"，是临时赚取生活费的一种手段，对就业毫无帮助。

如果你的家庭条件确实困难，可以通过兼职赚取生活费；如果你的家庭条件不是那么困难，那么你的大学生活短短几年时间，最好不要浪费在兼职上，找个实习会更有意义。

有意义的实习可能不会让你赚太多钱，甚至有可能赔钱，但它会让你未来更值钱。上学兼职赚的这些零花钱与未来就业的工资相比，真的都是小钱，规划好的同学有可能未来 1 个月就能比其他同学多赚上万元。

踏踏实实做事，做正确的事，规划做得好的同学，你的福气在后头。

---

① 参见凤凰网《突发！深圳一员工超 1000 人的催收公司被查封》。

第六节

什么是校园大使

在校园里还有一种职位——校园大使，它做的工作和学生干部很类似，但结束后企业会给开具实习证明。很难界定校园大使到底属于什么经历，我姑且把它放在实习这个章节进行介绍。

什么是校园大使呢？

校园大使是指在学校内代表某一企业开展相关活动和工作的学生代表，现在常见的校园大使有以下两种。

1. 主要负责招聘的校园大使

每年校招季，很多企业都会招募校园大使，负责企业在学校的招聘工作。以南方基金（国企）为例[1]，它招募的校园大使主要负责以下 5 个方面的工作：

- 作为企业在学校的形象代言人，宣传并推广雇主品牌。
- 实时掌握并传递校招资讯和动态，灵活协调校企资源。
- 组建并运营校园社群，推荐优质人才简历。
- 协助拓展校园宣传渠道，扩大校招信息的传播率和覆盖面。

---

[1] 详见公众号"南方基金"于 2025 年 3 月 14 日的发文《南方基金校园大使招募令》。

● 包括但不限于宣讲会、面试等校企活动的现场支持和协助。

简单来讲，校园大使负责的工作主要是帮企业做宣传，吸引更多的候选人来投递简历。作为回报，很多企业会给校园大使一定的照顾政策。比如，南方基金给校园大使提供的回报包括：一是直通复试；二是校园大使专属礼包。

南方基金的招聘流程是简历投递→在线测评→笔试→面试。如果初试是指笔试，那么校园大使的优势就是，应聘南方基金这家企业，无须经历筛选简历、在线测评、笔试，直接进入面试环节，只要面试通过，就可以获得这家公司的录用机会。

每家企业给校园大使的福利均不相同：有些企业是像实习一样发奖金；有些企业会开具实习证明；有些企业是直通终面，免去校招的部分环节；有些企业则是以上福利的组合。

如果我们看到心仪的企业招募校园大使，很多时候还是值得参加的，因为很多企业会对担任校园大使的同学免去一定的校招环节，增大我们入职的概率。而且，校园大使每天和企业负责招聘的人员打交道，在面试时能获得更高的印象分。

大部分企业的校园大使招募大三或研二的同学居多，有一些企业也会招募大一、大二或研一的同学，想要应聘的同学需要通过投递简历的方式进行报名，有些企业也会安排一些笔试或面试的考核。

2. 主要负责举办活动的校园负责人

除了校招季，很多企业平时也会招募校园负责人，负责企业活动在学校的宣传与落地推广。以同程旅游为例[①]，它招募的"校园 CEO"主要负责以下 3

---

① 详见公众号"程意社"于 2024 年 6 月 20 日的发文《同程旅行官方校园 CEO 招募开始啦！！！》。

个方面的工作：

- 协助传播同程旅行和 30 万个大学生品牌文化，提升品牌在学生群体的认知度。
- 支持同程旅行校园活动进校落地。
- 建立、运营同程旅行用户社群，成为大学生与同程旅行深度链接的代言人。

简单来讲，校园负责人主要负责帮助企业做宣传，举办校园活动。

校园负责人一般可以获得经济回报和实习机会等。比如，同程旅游给校园负责人提供的福利是：

- 大厂实践机会，增加知名企业实习实践经历。
- 丰富的项目收益机会，早日实现经济独立。
- 同程旅行与 30 万个大学生联名实践、实习证明。
- 同程旅行及生态合作企业等大厂实习绿色通道。
- 同程旅行寒暑假研学游。
- 定制奖品等多重福利由你解锁。

我之前就遇到一位毕业于普通院校的同学，通过担任互联网大厂的校园负责人，成功入职该企业。

校园负责人的报名要求和校园大使不太一样，往往没有什么年级限制，各个年级的学生均可报名，最好有一定的校园资源。比如，某同学本来在某个社团担任学生干部，这样应聘的成功率更高。

对于毕业后想去企业工作的同学，担任企业的校园大使也是一个非常不错的选择。他可以更早地接触到企业活动筹备和落地的流程，与企业的工作人员深入交流，能够学到很多未来工作需要用的工作技巧。

第七节

什么是勤工助学

很多学校会给在校生提供一些勤工助学的机会，这里的勤工助学是指高校学生利用课余时间参加校内工作，以获得一定报酬来补贴学习和生活的费用。勤工助学和实习很类似。

校内的勤工助学岗位很多，比较常见的有以下 3 类。

- **教学助理：辅助老师批改作业、管理实验室等。**
- **行政助理：在学校的各个行政部门，如图书馆、教务处、学工部等，负责文件整理、资料录入等。**
- **勤杂岗位：在学校的后勤部门，如超市、食堂、咖啡厅等，负责售货、帮工等。**

虽然都是勤工助学的岗位，但不同岗位之间的工作内容和工作强度有很大的区别。有些岗位的工作非常忙碌，比如在学院担任辅导员助理的同学，往往在工作时间内没有任何空余时间，一直忙于处理各种工作，甚至需要加班，但好处是可以与辅导员和学院老师深度接触，从而深入了解学院的各种政策。

有些岗位的工作则较为轻松，比如负责借书、还书登记的图书馆管理员，只有在同学们还书或借书时才需要工作，其他时间都可以用来自由学习，但接触的都是图书馆负责管理图书的老师，并不能了解学校的各种政策。

　　不同岗位给我们带来的收获不同，申请勤工助学岗位前，大家可以提前找学长学姐咨询一下各个岗位的工作情况，根据自己看重的方向选择自己感兴趣的岗位。

　　申请勤工助学岗位时，一般会要求申请人的家庭经济困难，学习成绩良好，不能因为勤工助学而耽误学业。以大连民族大学为例，该学校招聘勤工助学岗位的要求为：

- 在读的全日制本科生和预科生。
- 遵守国家法律和校规校纪，道德品质良好，没有受到过党、团、行政各级处分。
- 学习成绩良好，每学期不及格科目不得超过 2 门。
- 身体健康，能够适应勤工助学岗位的要求。
- 责任心强，有一定的工作能力。
- 同等条件下，家庭经济困难者、有岗位专长者优先考虑。

　　勤工助学的收入基本都是以小时计费的，每个学校的薪资标准不同。以中南财经政法大学为例[①]，该校勤工助学的薪酬标准为 18 元 / 小时，每月上限为 540 元 / 月，工作时间每周不得超过 8 小时，每月不得超过 30 小时。

　　申请勤工助学岗位的流程一般是学生先通过校内网站提交报名表，然后由学校有关部门组织学生进行面试、考核，考核通过的学生先参加岗前培训，再上岗工作。感兴趣的同学可以关注学院和学校的网站，一般会在以上两个网站上发布招聘信息。

　　我非常推荐同学们在校期间竞聘教学助理和行政助理类的勤工助学岗。同

---

① 参见中南财经政法大学学生资助管理中心网站《关于做好 2024–2025 学年本科生勤工助学岗位招聘工作的通知》。

学们可以通过这样的机会进入学校的各个部门去担任某个职位,从事相关工作,这样不仅能获得一定的报酬,还可以提前体会事业单位工作的氛围,而且通勤距离短,灵活度高,是一个不错的选择。但勤杂类岗位对个人能力的提升较少,只是通过体力劳动获取报酬,我不是特别推荐。

有些同学可能申请不到校内的勤工助学岗,这时,我们可以选择去做校外的兼职。比如,家教、促销员、服务员等这类岗位,有些工作的灵活度很高,无须坐班,对同学们的个人能力提升也能起到一定的锻炼作用。

校外兼职,同学们一般可以在各个招聘网站找到。另外,校内网站也会发布一些招聘信息,同学们可以通过投简历的方式进行应聘。大家要注意的是,寻找校外兼职时要通过正规渠道,寻找正规企业,以免上当受骗。

校外兼职,在此不再赘述,它的申请方法和实习基本相同,大家可以参考前面章节讲到的实习申请方法。

第十章

比赛与项目

我在前文多次提到比赛和项目，很多人困惑的是：大学生都有哪些比赛可以参加？到底什么算项目？如何找项目参加？

　　在本章中，我会详细讲解比赛、项目的情况和参与方法，想要从事专业技术岗位的同学可以重点阅读。

第一节

参加比赛有什么用

我之前一直在讲多多参加比赛，尤其是含金量高的比赛，它对就业、保研、评奖评优等都大有帮助。很多同学只是隐约知道参加比赛有好处，但对参加比赛到底好在哪里却不甚了解。在本节中，我将向大家介绍一下参加比赛的优势。

同学们参加的比较多的比赛主要有两种：一种是教育部等官方组织举办的学科竞赛；另一种是企业组织的商业比赛。

如果我们在学科竞赛中获得奖项，竞赛的主办方一般不会有什么现金奖励，即使有，也不多，1000 元左右，参与学科竞赛最大的收获是荣誉。

很多高校会给获得学科竞赛奖项的同学在保研、评奖评优等环节予以照顾，并且发放物质奖励；企业在校招时也非常青睐获得比赛奖项的同学。

我们以全国大学生数学建模大赛为例。

全国大学生数学建模大赛是由中国工业与应用数学学会举办的比赛，每年举办 1 次。2024 年，来自中国、美国、英国等地的 1788 所院校的 65 761 支队伍参赛，报名人数近 20 万，是世界上规模最大的数学建模竞赛。[①]

---

① 参见全国大学生数学建模竞赛网站。

　　该比赛设置有不同的奖项，虽然该比赛对参赛者的奖励较少，但各学校往往都有对应的奖励和加分政策。以上海对外经贸大学统计与信息学院为例[①]：如果该学院的同学在校级数学建模竞赛中获得一等奖，最高可获得 1000 元奖金，二等奖可获得 500 元奖金，三等奖可获得 200 元奖金；如果在正式比赛中获得省市级一等奖可获得 4000 元奖金，二等奖可获得 2000 元奖金，三等奖可获得 1000 元奖金；如果获得国家级一等奖可获得 10 000 元奖金，二等奖可获得 4000 元奖金，三等奖可获得 2000 元奖金。

　　比赛获奖的同学还可以获得学分：国赛获奖的同学认定创新创业学分 4 分，校赛获奖的同学认定创新创业学分 2 学分，该学分对学校的评奖评优会有加分作用。

　　另外，在该比赛中获得奖项还可以根据上海积分落户政策获得落户加分。其中，国家级一、二、三等奖分别加 10 分、8 分和 6 分，省级一、二、三等奖分别加 5 分、3 分和 1 分。

　　另一种常见的比赛是企业组织的商业比赛，商业比赛一般对学校里的评奖评优没有什么帮助，但往往有丰厚的奖金。它会聚焦于企业的实际问题，企业会提供相应的培训，获得名次的同学很有可能直接获得该企业的实习机会或正式工作机会。

　　如果学生参加的是行业龙头企业的比赛并获得奖项，那么这样的获奖经历在校招中非常受该行业其他企业的认可。

　　我们以京东全国大学生电商创业实践大赛为例[②]：京东全国大学生电商创

---

① 参见上海对外经贸大学统计与数据科学学院网站《2024 年全国大学生数学建模竞赛校内培训来啦！》。
② 参见微信公众号"京东校园"于 2024 年 8 月 9 日的发文《世界 500 强 offer，全程赛事指导培训，京东全国大学生电商创业实践大赛开始啦！》。

业实践大赛由京东集团发起，中国外文局 CATTI 项目管理中心、中国广告协会国际传播工作委员会等单位联合举办，面向所有在校大学生，不限年级和专业。

所有参赛选手将根据最终成绩进行排名，设置一等奖 10 名，奖金各 10 000 元；二等奖 20 名，奖金各 5000 元；三等奖 50 名，奖金各 2000 元。另外，还有特等奖 3 名，可以直接获得京东的实习机会。

在这项比赛中，参赛同学将会免费参加电商创业运营课程，获得专业技术人员的指导，是一次很好的实践操作机会。

以上是我在学科竞赛和商业比赛中挑出来的两个典型案例，其奖励政策供大家参考。要注意的是，每个比赛、每所学校都有不同的奖励政策，大家在参加比赛之前记得先了解清楚比赛政策，挑选有含金量的比赛参加。

最后想说的是，很多时候参加比赛的目的并不是获奖、加分，参加比赛最大的好处在于"以赛代练"。

我们平时只是自己低头学习，往往没有目标，也没有动力，但比赛有很强的竞技性。在与他人比赛的过程中，我们会把知识学得更扎实，学完立刻就可以应用知识解决问题；与此同时，也锻炼了我们的实践能力。

以比赛的形式来巩固自己学到的知识，锻炼自己的实践操作能力，从而使个人的综合素质得到提升，这才是参加比赛最大的意义所在。

第二节

哪些比赛含金量高

很多同学都想参加比赛，但大学生可以参加的比赛涉及学术、科技、文体等多个领域，其中有不少比赛名字听起来很厉害，但实际认可度很低。到底哪些比赛在就业时含金量较高呢？在本节中，我将按照含金量的不同将比赛分成4类。

1. 常见的学科竞赛

中国高等教育学会高校竞赛评估与管理体系专家工作组会对各种学科竞赛的含金量进行评估，选出其中有含金量的学科竞赛，然后每年会对高校参与这些学科竞赛的成果进行评估和排名，以此检验高校创新人才的培养质量。

目前，最新的学科竞赛名单是中国高等教育学会高校竞赛评估与管理体系研究专家工作组在 2024 年 3 月 22 日发布的，共有 84 项赛事（详见附录 F）。

这 84 项比赛，部分为仅限本科生和大专生参加，部分为大专生、本科生、硕士研究生均可参加，中国高等教育学会依据各高校在这 84 项竞赛中的表现（包括获奖数量、获奖等级等），对各高校进行评分，所以这份名单里的学科竞赛都很有含金量。

另外，还有专门针对硕士研究生的比赛，即由中国学位与研究生教育学会和中国科协青少年科技中心联合主办的中国研究生创新实践系列大赛。这个系列的比赛共包括 22 项，仅限研究生报名，含金量也很高（详见附录 G）。

2. 相关领域的知名比赛

2024 年 3 月 22 日，中国高等教育学会高校竞赛评估与管理体系研究专家工作组发布《2023 全国普通高校大学生竞赛分析报告》观察目录。观察目录中的比赛共计 34 项（详见附录 H），这些比赛在竞赛规模、影响力等方面具有一定的潜力，含金量也较高，但尚未达到被列入正式竞赛目录的标准。

中国高等教育学会选出的比赛，多为教育部牵头或在国内教育体系中能直接反映高校人才培养质量的赛事。还有一些比赛在相应领域的影响力也很高，但没有被纳入其中。比如，国际基因工程机器大赛，合成生物学领域的国际顶级大学生科技赛事；美国大学生数学建模竞赛，世界范围内最具影响力的数学建模竞赛；ASME 创新设计大赛，全球工程学领域的顶级竞赛之一。

感兴趣的同学可以搜索自己专业领域的更多含金量高的比赛。

3. 各行业龙头企业举办的商业比赛

各行业龙头企业举办的商业比赛没有汇总的清单，常见的商业比赛主要包括普华永道杯"决战 24H"商业挑战赛、欧莱雅 BRANDSTORM 全球青年创新策划大赛、美团商业分析精英大赛等。

行业龙头企业举办的比赛往往在该行业内认可度较高，在其他行业的认可度不高，感兴趣的同学可以搜索自己对口行业的商业比赛信息。

4. 一些不知名单位组织的比赛和各学校组织的校级比赛

不知名单位举办的比赛往往报名门槛低，获奖人数多。比如，很多同学参加的知识答题类竞赛，只要线上答题得到一定的分数就可以获得奖项；很多打着"国际"旗号，但实际交钱参赛就能获奖的比赛；一些设计类比赛，只需要提交简单作品"走个过场"就能获奖。以上这些比赛的含金量往往不高。

另外，很多学校也会组织各种各样的校内比赛，其中有一些校内比赛，如校园微视频大赛、摄影比赛、校史知识竞赛、征文比赛等，这些虽然叫作比赛，但更偏向于娱乐交流性质，含金量很低。

当然，校内比赛也有很难的比赛。比如，各种国家级比赛在各学校组织的校内选拔赛，各学校自己组织的数学竞赛、物理实验竞赛等。虽然这些校内比赛获得奖项的难度较高，但毕竟是校内比赛，整体认可度较低。

总的来讲，虽然参加比赛对未来就业、保研、留学等很多发展方向大有帮助，但并不是所有的比赛都有含金量。对于上面提到的 4 类比赛，我们尽量选择前 3 类比赛参加，含金量和认可度都还不错。

第三节

如何报名比赛

上节我们列举了很多有含金量的比赛，如果我们已经在其中挑选好了想要参加的比赛，该如何进行比赛报名呢？

目前，各种比赛的报名主要有两种方式：一种是逐级选拔；另一种是自由报名。

其中，逐级选拔是指先由各高校组织校内比赛，学校评审委员会在本校学生提交的作品中，选出优秀的作品代表学校参加省赛；省级评审委员会在本省各高校提交的作品中，选择优秀的作品参加国赛；全国评审委员会在各省提交的作品中，确定参赛作品的获奖名次。

自由报名是指学生通过学校或比赛的官网直接报名，报名阶段不做校内的筛选，所有报名的学生都可以进入预赛阶段，预赛通过的学生再参加决赛，决赛排名靠前的学生获得比赛的最终奖项。

一般来讲，需要提交作品的比赛，如全国大学生数学建模竞赛、"挑战杯"全国大学生课外学术科技作品竞赛、全国大学生智能汽车竞赛等，往往需要组队参加，但组队不是强制的，个人往往也可以参赛。

一些比拼技能类的比赛，如"外研社·国才杯""理解当代中国"、全国大学生外语能力大赛、中华经典诵写讲大赛、全国大学生金相技能大赛等，往往仅限个人报名。

组队时一般要求学校相同，但不限专业。很多比赛鼓励跨专业组队，每个人根据所学专业负责不同的板块，也有一些比赛允许跨校组队，参赛团队一般为 3～5 人。有些比赛需要指定 1～2 名指导老师，有些比赛则没有指导老师的要求。

参赛时，有些比赛会临时公布比赛题目，如全国大学生数学建模大赛，会给定 1 个实际问题，要求参赛团队在规定时间内（通常为 3 天左右），运用数学知识和计算机技术建立数学模型，求解模型，并撰写详细的参赛论文。

有些比赛则可以用之前做的作品参赛，如"挑战杯"全国大学生课外学术科技作品竞赛，之前有过相关作品但未报名过的同学都可以用相关作品报名参赛。

以作品参加比赛的评比方式一般分为书面评审和现场答辩两个环节，评审委员会在审阅项目计划书的基础上，听取团队的现场陈述和答辩，进一步考查项目的创新性、商业性等方面，然后根据评审标准进行打分，根据得分评选出各个奖项。

以上介绍的是比赛整体的报名情况，绝大多数比赛都有自己的官方网站，想要报名的同学记得登录比赛的官方网站，查看更多关于比赛的详细信息。

需要提醒大家的是，很多学校会有竞赛相关的社团或兴趣小组，如数学建模协会、创新创业协会、PLC[①]爱好者协会等。这些社团由具有相同爱好的同学组成，会组织社员参加相关比赛的培训，组织校内小型比赛，组队参加全国

---

① 可编程逻辑控制器（programmable logic controller）。

性比赛，是各个学校参与竞赛的重点团体。同学们提前加入这样的社团，会增加比赛获奖的概率。

大学中，还会有一些老师具有丰富的带队参加竞赛的经验，同学们提前申请进入该老师的实验室或项目组，会了解更多比赛的内部信息，获得比赛奖项的概率更大。对竞赛感兴趣的同学，最好从大一就开始了解相关信息，早做准备。

第四节

如何参加各类项目

在前文中，我简单解释过什么是项目，本节我将对项目做一个更详细的说明。常见的大学生可以参与的项目主要有以下 4 种。

1. 科研项目

一般来讲，大学中的硕士研究生导师都会有自己的研究课题，他们会带着自己的学生做研究，所以硕士研究生一般不用自己去找科研项目参加，导师自然会有安排。

在课题组做研究的过程中，还会有一些工作需要本科生辅助完成，这时本科生就可以申请进入该课题组，和老师、师兄、师姐一起做科研项目。有些课题组会直接发布招募学生的通知，所以想要参与科研项目的同学，首先要关注各个校内网站，以获取课题组的招募信息。

另外，我们看到感兴趣的研究方向，在没看到招募信息的情况下，也可以直接找老师沟通，或者给老师发邮件申请加入。

直接找老师沟通往往适用于认识老师的情况，比如选修某位老师的课程，上课时积极表现，下课时帮忙收取作业等做一些力所能及的工作，给老师留下好印象，这样找老师沟通时会更顺利。

不认识相关老师时，可以通过发邮件进行联络，但要注意的是，有些热门课题组并不是申请就能加入的，导师会进行筛选。学生需要了解导师的研究方向，展示自己的个人优势，写一封诚意满满的申请邮件，以便得到导师的青睐。

2. 学科竞赛项目

上节我们详细讲解了比赛的相关内容，其中有很多比赛都是以项目的形式进行的。比如，"挑战杯"全国大学生课外学术科技作品竞赛要求参赛者以学术论文、调研报告、发明制作等作为参赛内容，参赛者可能会针对某个社会问题做调查，也可能会针对某个材料的新功能做研究，还可能会发明某个新工具，这些都属于项目。

比赛和项目很多时候是重合的，因为我们是拿项目作品来参加比赛的，所以想做项目的同学也可以通过参加比赛实现做项目的目的。

3. 学校的创新创业项目

一般来讲，各个高校都会专门组织创新创业的训练项目，项目的全称为"大学生创新创业训练计划项目"，即我们平时所说的"大创"。大创是一种面向本科生、在教师指导下完成的科研训练活动，主要包括以下 3 类项目。

- 创新训练项目：本科生个人或团队，在导师的指导下，自主完成创新性研究项目设计、研究条件准备、项目实施、研究报告撰写、成果（学术）交流等工作。
- 创业训练项目：由本科生组成团队，在导师的指导下，团队中的每个学生在项目实施过程中扮演一个或多个具体角色，完成商业计划书编制、可行性研究、企业模拟运行、撰写创业报告等工作。

● 创业实践项目：在高校导师和企业导师的共同指导下，学生团队采用
创新训练项目或创新性实验等成果，提出具有市场前景的创新性产品
或服务，以此为基础开展创业实践活动。

想参赛的同学可以从以上 3 类项目中选择自己感兴趣的方向报名参加，报
名要求每所学校每个学院均不相同。有些学校是大一同学即可参加，但更多学
校是大二及以上才可以参加。

以上海师范大学环境与地理科学学院的申报要求为例[①]，该学院要求项目
负责人的累计平均绩点为 2.5 及以上，团队人数原则上不超过 5 人，没有年级
限制，每名学生只能参加 1 个项目，每个项目配备 1 ~ 2 名指导老师，每个指
导教师同时指导的项目不能超过 2 个，项目为期 1 年。

想要申请大创的同学首先要做是立项申请，需要自己联系老师、组建团
队、确定选题，然后撰写立项申报书。有些学校还会组织立项答辩。

申请立项时，学校会根据项目的申请材料和答辩情况确定项目的等级是国
家级、省级还是校级。当然，也会有项目因为没有通过立项申请而被淘汰。

校级、省级和国家级项目的含金量依次升高，研究经费也逐渐增加。以西
南民族大学为例，校级项目经费为 1200 元，省级项目经费为 1 万元，国家级
项目经费为 2 万元。[②]

在项目实施过程中，有些学校可能会有中期检查，在项目进行过程中检查
一次项目的进度，需要项目参与人员提交一些中期检查的材料。

---

① 参见上海师范大学环境与地理科学学院网站《[本科] 关于做好 2025 年度大学生创新创业训练计划项
目工作的通知》。
② 参见西南民族大学网站《关于开展 2023 年"大学生创新创业训练计划"项目立项申报工作的通知》。

最后，所有学校都会有结题验收，也就是在项目结束后，对学生所做的项目成果进行验收，验收结果分为 3 个等级：优秀、合格、不合格。

其实，大创和前面提到的学科竞赛很多时候是交叉的，很多同学都是直接拿大创做的项目参加挑战杯等学科竞赛的。

4. 社会实践项目

社会实践项目往往和社会实际问题相结合，比较常见的社会实践项目是大学生"三下乡"社会实践。这里的"三下乡"是指文化、科技、卫生三下乡，目的是引导和帮助大学生在社会课堂中受教育、长才干、做贡献，学生一般会组队前往农村举办文化讲座、开展科技培训、提供免费义诊等。

"三下乡"社会实践一般由学校组织报名，时间一般都在寒假或暑假，感兴趣的同学可以及时关注学校发布的通知。

另外，各地政府还会组织大学生"返家乡"社会实践活动，参加这个实践活动的大学生有可能去政府、企事业单位的一线岗位，承担具体工作，类似于实习；也有可能去基层做公益服务和社区服务等，每个地区都提供了很多种不同的社会实践类型，供大学生自行选择。

大学生"返家乡"社会实践活动的时间也在寒假和暑假期间，报名渠道一般为家乡所在地团组织的网站或官方公众号。

大学生"三下乡"和"返家乡"社会实践的分类其实不好界定，既可以算作项目，也可以算作社会实践活动，有些同学如果去企事业单位工作，还可以算作实习。我姑且把它放到项目的板块进行介绍，让大家对此有一个初步的了解。

以上就是大学期间常见的 4 种项目，在考虑参加哪种项目时，大家选择的思路和之前讲到的实习是一样的，永远牢记一点：只有相关的才是有效的。比如某同学想要应聘技术岗，那么做一个相关的科研项目对未来发展就很有帮助；如果某同学想要应聘市场岗，那么做一个相关的创业项目就很有帮助。

不管我们在大学期间到底是选择实习、比赛还是项目，只有做的工作与未来计划就业的方向相匹配，这段经历才会对未来发展有所帮助。

第五节

如何申请专利、发表论文

很多同学在做项目、搞科研的过程中，做出了一些成果，想让自己的项目含金量更高，这时可以考虑发表论文、申请专利；还有同学登记了软件著作权。论文、专利、软件著作权都是什么？如何申请呢？

在本节中，我将分别介绍一下这 3 种常见的项目成果。

1. 论文

论文是最常见的学术成果，根据论文发表的期刊不同，我们可以把论文的级别简单地划分为以下 4 类：国际核心期刊、国际普通期刊、国内核心期刊和国内普通期刊。

国际核心期刊是指能被 SCI[①]、SSCI[②]、EI[③]、A&HCI[④] 等国际上广泛认可的

---

① 科学引文索引（Science Citation Index，SCI），是 1963 年美国科学信息研究所的尤金·加菲尔德（Eugene Garfield）创建的国际期刊文献检索工具。它由美国科学信息研究所出版，收录期刊的内容主要涉及数、理、化、农、林、医、生物等基础科学研究领域。

② 社会科学引文索引（Social Sciences Citation Index，SSCI）是 SCI 的姊妹篇，是可以用来对不同国家和地区的社会科学论文的数量进行统计分析的大型检索工具。收录文献类型包括研究论文、书评、专题讨论、社论、人物自传、书信等。

③ 工程索引（Engineering Index，EI）是由美国工程师学会联合会于 1884 年创办的历史上最悠久的一部大型综合性检索工具。EI 在全球的学术界、工程界、信息界中享有盛誉，是科技界共同认可的重要检索工具。收录文献涉及的领域包括：机械工程、机电工程、船舶工程、制造技术等；矿业、冶金、材料工程、金属材料、有色金属、陶瓷、塑料及聚合物工程等；土木工程、建筑工程、结构工程、海洋工程、水利工程等。

④ 艺术与人文科学引文索引（Arts & Humanities Citation Index，A&HCI）是全球著名的科技文献检索工具科学引文索引（Science Citation Index Expanded，SCIE）的姊妹篇，是艺术与人文科学领域重要的期刊文摘索引数据库。收录数据覆盖了考古学、建筑学、艺术、文学、哲学、宗教、历史等社会科学领域。

权威数据库收录的期刊。

这里所说的 SCI、SSCI 等是数据库的名字，它们会收录很多学科领域具有较大影响力的期刊。发表论文的期刊，如果能在其中被找到，说明期刊的含金量很高，而论文能发表在这样的期刊上，说明论文的水平也很高。

因为期刊的种类太多，很难有人能全部记得，所以我们一般不会说自己的论文发表在哪个期刊上，只会说论文发表在某某数据库收录的期刊上。

比如，某同学会说"我发表了 1 篇 SCI 论文"，这就像我们在向别人介绍自己的大学时，不会说"我上的某某大学"，而是说上的是 985 高校，可以让人更直观地了解该学校的层次。

SCI、SSCI 等数据库的侧重点各不相同。比如，SCI 聚焦自然科学领域，在数学、物理、化学等理工科领域具有极高的影响力和权威性；SSCI 聚焦社会科学领域，在经济学、政治学、社会学等社会科学领域占据很重要的地位，极具影响力。不同专业对不同数据库的认可度不同。

当然，每个数据库内部也有级别划分。以 SCI 数据库为例，SCI 数据库共收录了 3000 多种学术期刊，中国科学院对这些学术期刊的影响力进行了进一步的划分，分别是一区、二区、三区、四区，含金量依次降低。

我们经常听某同学说"我的论文发表在了 SCI 一区或 SCI 二区"，这里的几区就是指 SCI 数据库中更详细的级别划分。

除了会划分级别，我们在判断期刊影响力时，还会看期刊的影响因子。

$$期刊的影响因子（IF）= \frac{该期刊前 2 年发表的论文在当年被引用的总次数}{该期刊前 2 年发表的论文总数}$$

被他人引用的次数越多，往往证明该期刊的影响力越大，所以发表的期刊影响因子越大，往往代表影响力越大。

国际普通期刊是指没有被上述国际核心数据库收录的期刊，影响力比国际核心期刊要小。

国内核心期刊是指在国内学术界具有较高地位和较大影响力的期刊。我们常说的北大核心期刊[①]、CSSCI[②]、CSCD[③]、中国科技核心期刊[④]等也是数据库的名字，发表论文的期刊如果能被这样的数据库收录，说明发表的是国内核心期刊。

国内核心期刊和国际核心期刊的认可度，哪个更高呢？每个学科的评价标准是不同的。一般来讲，理工科更认可国际核心期刊，文科更认可国内核心期刊。

国内普通期刊是指没有被上述国内核心数据库收录的期刊，影响力要比国内核心期刊小。

各个期刊一般都有自己公开的投稿方式，我们写完论文后，可以直接通过官方发布的投稿方式进行投稿。

投稿成功后，大部分期刊都会有版面费，版面费一般在几千元到几万元不

---

① 《中文核心期刊要目总览》又称"北大核心期刊"，是由北京大学及十几所高校图书馆的众多期刊工作者，以及相关单位专家参加的中文核心期刊评价研究项目成果，主要是为图书情报部门对中文学术期刊的评估与订购、为读者导读提供参考依据。

② 中文社会科学引文索引（Chinese Social Sciences Citation Index，CSSCI）是由南京大学中国社会科学研究评价中心开发研制的引文数据库，用来检索中文人文社会科学领域的论文收录和被引用情况。CSSCI 遵循文献计量学规律，采取定量与定性相结合的方法从全国 2700 余种中文人文社会科学学术性期刊中精选出学术性强、编辑规范的期刊作为来源期刊。目前，CSSCI 收录包括法学、管理学、经济学、历史学、政治学等在内的 25 大类的 500 多种学术期刊，来源文献近 100 余万篇，引文文献600 余万篇。

③ 中国科学引文数据库（Chinese Science Citation Database，CSCD），创建于 1989 年，收录我国数学、物理、化学、天文学、地学、生物学、农林科学、医药卫生、工程技术和环境科学等领域出版的中英文科技核心期刊和优秀期刊一千余种。

④ 中国科技核心期刊（The key magazine of China technology）是中国科学技术信息研究所出版的中国科技论文统计源期刊。学科范畴主要为自然科学领域，是国内比较公认的科技统计源期刊目录。

等。如果论文中有老师的署名，老师很可能会给全额或部分报销版面费。有些期刊则是免收版面费的，但这类期刊的投稿要求往往会较高。

2. 专利

除了发表论文，项目成果也可以发表专利。专利是由国家专利局授予的，在规定时间内对某项发明创造享受的专有权。

目前，我国的专利类型有以下 3 种。

- 发明专利：对产品、方法或者对其改进所提出的新的技术方案。
- 实用新型专利：对产品的形状、构造或者二者的结合所提出的实用的、新的技术方案。
- 外观设计专利：对产品的整体或局部的形状、图案或者二者的结合，以及色彩与形状、图案的结合所做出的富有美感并适于工业应用的新设计。

其中，发明专利的申请流程分为 6 步，分别是提交申请→受理申请→初步审查→公布公开→实质审查→授权。发明专利的申请是最难的，既要满足新颖性、创造性和实用性的高要求，还要经过 1 ~ 2 年的实质审查。

实用新型专利和外观设计专利的申请流程只有 4 步：提交申请→受理申请→初步审查→授权。其中，初步审查的内容包括申请文件的形式、内容是否符合专利的授权条件，是否与他人已取得的合法权利相冲突等。初审合格后，即可授予专利权通知书，没有实质审查环节，申请难度相对较低。

申请专利时，除了申请费和专利登记费、印花税等固定费用，根据《中华人民共和国专利法》规定，在专利保护期[①]内，专利权人还需要每年缴纳年费，

---

① 发明专利权的保护期为 20 年，实用新型专利权的保护期为 10 年，外观设计专利权的保护期为 15 年。

年费一般为几百元至几千元不等，时间越久，年费越高。

专利申请是可以自己完成的，但有些同学可能会出于各种原因委托一些专利代理机构帮忙申请，这时还需要支付专利代理费，费用较高。

3. 软件著作权

软件著作权是指软件的开发者或者其他权利人依据有关著作权法律的规定，对于软件作品所享有的各项专有权利。一般计算机相关专业的同学会涉及软件著作权的申请。

软件著作权的申请要比专利申请简单得多，一共分为 3 步：提交申请→中国版权保护中心审核→下发证书。整个流程大概需要 2 ~ 3 个月，全程都是网上申报，不收取登记费用，基本上交一个证书邮寄费就可以了，后期也没有像专利一样的年费。有些同学请机构代为申请，代理费一般几百元。在申请材料都准备好的情况下，一般都能审核通过。

简单来讲，软件著作权是性价比很高的一种项目成果。

以上所说的 3 种项目成果——论文、专利和软件著作权，在很多学校的保研和评奖评优中都有一定的加分作用；企业在校招过程中，也会参考应聘者的这些项目成果，给予一定的加分。

做项目的同学可以根据自己专业适合的方向，发表相关成果，这样会让项目的含金量更高。

附录

附录 A

公务员录用体检通用标准（试行）

第一条 风湿性心脏病、心肌病、冠心病、先天性心脏病等器质性心脏病，不合格。先天性心脏病不需手术者或经手术治愈者，合格。

遇有下列情况之一的，排除病理性改变，合格：

（一）心脏听诊有杂音；

（二）频发期前收缩；

（三）心率每分钟小于 50 次或大于 110 次；

（四）心电图有异常的其他情况。

第二条 血压在下列范围内，合格：收缩压小于 140mmHg；舒张压小于 90mmHg。

第三条 血液系统疾病，不合格。单纯性缺铁性贫血，血红蛋白男性高于 90g/L、女性高于 80g/L，合格。

第四条 结核病不合格。但下列情况合格：

（一）原发性肺结核、继发性肺结核、结核性胸膜炎，临床治愈后稳定 1 年无变化者；

（二）肺外结核病：肾结核、骨结核、腹膜结核、淋巴结核等，临床治愈后 2 年无复发，经专科医院检查无变化者。

第五条 慢性支气管炎伴阻塞性肺气肿、支气管扩张、支气管哮喘，不合格。

第六条 慢性胰腺炎、溃疡性结肠炎、克罗恩病等严重慢性消化系统疾病，不合格。胃次全切除术后无严重并发症者，合格。

第七条 各种急慢性肝炎及肝硬化，不合格。

第八条 恶性肿瘤，不合格。

第九条 肾炎、慢性肾盂肾炎、多囊肾、肾功能不全，不合格。

第十条 糖尿病、尿崩症、肢端肥大症等内分泌系统疾病，不合格。甲状腺功能亢进治愈后 1 年无症状和体征者，合格。

第十一条 有癫痫病史、精神病史、癔病史、夜游症、严重的神经官能症（经常头痛头晕、失眠、记忆力明显下降等），精神活性物质滥用和依赖者，不合格。

第十二条 红斑狼疮、皮肌炎和 / 或多发性肌炎、硬皮病、结节性多动脉炎、类风湿性关节炎等各种弥漫性结缔组织疾病，大动脉炎，不合格。

第十三条 晚期血吸虫病，晚期血丝虫病兼有象皮肿或有乳糜尿，不合格。

第十四条 颅骨缺损、颅内异物存留、颅脑畸形、脑外伤后综合征，不合格。

第十五条 严重的慢性骨髓炎，不合格。

第十六条 三度单纯性甲状腺肿，不合格。

第十七条 有梗阻的胆结石或泌尿系结石，不合格。

第十八条 淋病、梅毒、软下疳、性病性淋巴肉芽肿、尖锐湿疣、生殖器疱疹，艾滋病，不合格。

第十九条 双眼矫正视力均低于 4.8（小数视力 0.6），一眼失明另一眼矫正视力低于 4.9（小数视力 0.8），有明显视功能损害眼病者，不合格。

第二十条 双耳均有听力障碍，在使用人工听觉装置情况下，双耳在 3 米以内耳语仍听不见者，不合格。

第二十一条 未纳入体检标准，影响正常履行职责的其他严重疾病，不合格。

附录 B

普通高等学校本科专业目录（2025 年）

说　明

一、《普通高等学校本科专业目录》是高等教育工作的基本指导性文件之一。它规定专业划分、名称及所属门类，是设置和调整专业、实施人才培养、安排招生、授予学位、指导就业，进行教育统计和人才需求预测等工作的重要依据。专业目录每年更新发布。

二、专业目录包含基本专业和特设专业。基本专业一般是指学科基础比较成熟、社会需求相对稳定、布点数量相对较多、继承性较好的专业。特设专业是满足经济社会发展特殊需求所设置的专业，在专业代码后加"T"表示。

三、专业目录中涉及国家安全、特殊行业等专业由国家控制布点，称为国家控制布点专业，在专业代码后加"K"表示。

四、专业目录所列专业，除已注明者外，均按所在学科门类授予相应的学位。对已注明了学位授予门类的专业，按照注明的学科门类授予相应的学位；可授两种（或以上）学位门类的专业，原则上由有关高等学校在设置专业布点时确定授予其中一种。

五、本科教育的基本修业年限为四至五年，各专业修业年限由有关高等学校在设置专业布点时确定，专业目录不再单独列出。

01　学科门类：哲学

0101	**哲学类**
010101	哲学
010102	逻辑学
010103K	宗教学
010104T	伦理学

02　学科门类：经济学

0201	**经济学类**
020101	经济学
020102	经济统计学
020103T	国民经济管理
020104T	资源与环境经济学
020105T	商务经济学
020106T	能源经济
020107T	劳动经济学
020108T	经济工程
020109T	数字经济
0202	**财政学类**
020201K	财政学
020202	税收学
020203TK	国际税收

0203	**金融学类**
020301K	金融学
020302	金融工程
020303	保险学
020304	投资学
020305T	金融数学
020306T	信用管理（注：可授经济学或管理学学士学位）
020307T	经济与金融
020308T	精算学（注：可授经济学或理学学士学位）
020309T	互联网金融
020310T	金融科技
020311TK	金融审计
0204	**经济与贸易类**
020401	国际经济与贸易
020402	贸易经济
020403T	国际经济发展合作

03 学科门类：法学

0301	**法学类**
030101K	法学
030102T	知识产权
030103T	监狱学
030104T	信用风险管理与法律防控

030105T	国际经贸规则
030106TK	司法警察学
030107TK	社区矫正
030108TK	纪检监察
030109TK	国际法
030110TK	司法鉴定学
030111TK	国家安全学
030112TK	海外利益安全
0302	**政治学类**
030201	政治学与行政学
030202	国际政治
030203	外交学
030204T	国际事务与国际关系
030205T	政治学、经济学与哲学
030206TK	国际组织与全球治理
0303	**社会学类**
030301	社会学
030302	社会工作
030303T	人类学
030304T	女性学
030305T	家政学
030306T	老年学
030307T	社会政策

0304	**民族学类**
030401	民族学
0305	**马克思主义理论类**
030501	科学社会主义
030502	中国共产党历史
030503	思想政治教育
030504T	马克思主义理论
030505TK	工会学
0306	**公安学类**
030601K	治安学
030602K	侦查学
030603K	边防管理
030604TK	禁毒学
030605TK	警犬技术
030606TK	经济犯罪侦查
030607TK	边防指挥
030608TK	消防指挥
030609TK	警卫学
030610TK	公安情报学
030611TK	犯罪学
030612TK	公安管理学
030613TK	涉外警务
030614TK	国内安全保卫

030615TK	警务指挥与战术
030616TK	技术侦查学
030617TK	海警执法
030618TK	公安政治工作
030619TK	移民管理
030620TK	出入境管理
030621TK	反恐警务
030622TK	消防政治工作
030623TK	铁路警务

04　学科门类：教育学

0401	**教育学类**
040101	教育学
040102	科学教育
040103	人文教育
040104	教育技术学（注：可授教育学或理学或工学学士学位）
040105	艺术教育（注：可授教育学或艺术学学士学位）
040106	学前教育
040107	小学教育
040108	特殊教育
040109T	华文教育
040110TK	教育康复学
040111T	卫生教育

040112T	认知科学与技术
040113T	融合教育
040114TK	劳动教育
040115T	家庭教育
040116TK	孤独症儿童教育
040117TK	人工智能教育
040118T	婴幼儿发展与健康管理（注：可授教育学或管理学学士学位）
0402	**体育学类**
040201	体育教育
040202K	运动训练
040203	社会体育指导与管理
040204K	武术与民族传统体育
040205	运动人体科学
040206T	运动康复（注：可授教育学或理学学士学位）
040207T	休闲体育
040208T	体能训练
040209T	冰雪运动
040210TK	电子竞技运动与管理
040211TK	智能体育工程（注：可授教育学或工学学士学位）
040212TK	体育旅游
040213T	运动能力开发（注：可授教育学或理学学士学位）
040214TK	足球运动

040215TK	马术运动与管理
040216T	体育康养
040217TK	航空运动

05 学科门类：文学

0501	**中国语言文学类**
050101	汉语言文学
050102	汉语言
050103	汉语国际教育
050104	中国少数民族语言文学
050105	古典文献学
050106T	应用语言学
050107T	秘书学
050108T	中国语言与文化
050109T	手语翻译
050110T	数字人文
050111T	中国古典学
050112T	汉学与中国学
050113T	应用中文
0502	**外国语言文学类**
050201	英语
050202	俄语
050203	德语

050204	法语
050205	西班牙语
050206	阿拉伯语
050207	日语
050208	波斯语
050209	朝鲜语
050210	菲律宾语
050211	梵语巴利语
050212	印度尼西亚语
050213	印地语
050214	柬埔寨语
050215	老挝语
050216	缅甸语
050217	马来语
050218	蒙古语
050219	僧伽罗语
050220	泰语
050221	乌尔都语
050222	希伯来语
050223	越南语
050224	豪萨语
050225	斯瓦希里语
050226	阿尔巴尼亚语

050227   保加利亚语

050228   波兰语

050229   捷克语

050230   斯洛伐克语

050231   罗马尼亚语

050232   葡萄牙语

050233   瑞典语

050234   塞尔维亚语

050235   土耳其语

050236   希腊语

050237   匈牙利语

050238   意大利语

050239   泰米尔语

050240   普什图语

050241   世界语

050242   孟加拉语

050243   尼泊尔语

050244   克罗地亚语

050245   荷兰语

050246   芬兰语

050247   乌克兰语

050248   挪威语

050249   丹麦语

050250	冰岛语
050251	爱尔兰语
050252	拉脱维亚语
050253	立陶宛语
050254	斯洛文尼亚语
050255	爱沙尼亚语
050256	马耳他语
050257	哈萨克语
050258	乌兹别克语
050259	祖鲁语
050260	拉丁语
050261	翻译
050262	商务英语
050263T	阿姆哈拉语
050264T	吉尔吉斯语
050265T	索马里语
050266T	土库曼语
050267T	加泰罗尼亚语
050268T	约鲁巴语
050269T	亚美尼亚语
050270T	马达加斯加语
050271T	格鲁吉亚语
050272T	阿塞拜疆语

050273T	阿非利卡语
050274T	马其顿语
050275T	塔吉克语
050276T	茨瓦纳语
050277T	恩德贝莱语
050278T	科摩罗语
050279T	克里奥尔语
050280T	绍纳语
050281T	提格雷尼亚语
050282T	白俄罗斯语
050283T	毛利语
050284T	汤加语
050285T	萨摩亚语
050286T	库尔德语
050287T	比斯拉马语
050288T	达里语
050289T	德顿语
050290T	迪维希语
050291T	斐济语
050292T	库克群岛毛利语
050293T	隆迪语
050294T	卢森堡语
050295T	卢旺达语

050296T	纽埃语
050297T	皮金语
050298T	切瓦语
050299T	塞苏陀语
050200T	桑戈语
0502100T	语言学
0502101T	塔玛齐格特语
0502102T	爪哇语
0502103T	旁遮普语
0502104TK	区域国别学
0503	**新闻传播学类**
050301	新闻学
050302	广播电视学
050303	广告学
050304	传播学
050305	编辑出版学
050306T	网络与新媒体
050307T	数字出版
050308T	时尚传播
050309T	国际新闻与传播
050310T	会展（注：可授文学或管理学学士学位）

06　学科门类：历史学

0601	**历史学类**
060101	历史学
060102	世界史
060103	考古学
060104	文物与博物馆学
060105T	文物保护技术
060106T	外国语言与外国历史（注：可授历史学或文学学士学位）
060107T	文化遗产
060108T	古文字学
060109T	科学史

07　学科门类：理学

0701	**数学类**
070101	数学与应用数学
070102	信息与计算科学
070103T	数理基础科学
070104T	数据计算及应用
0702	**物理学类**
070201	物理学
070202	应用物理学
070203	核物理

070204T	声学
070205T	系统科学与工程
070206T	量子信息科学
0703	**化学类**
070301	化学
070302	应用化学（注：可授理学或工学学士学位）
070303T	化学生物学
070304T	分子科学与工程
070305T	能源化学
070306T	化学测量学与技术
070307T	资源化学
0704	**天文学类**
070401	天文学
0705	**地理科学类**
070501	地理科学
070502	自然地理与资源环境（注：可授理学或管理学学士学位）
070503	人文地理与城乡规划（注：可授理学或管理学学士学位）
070504	地理信息科学
0706	**大气科学类**
070601	大气科学
070602	应用气象学
070603T	气象技术与工程（注：可授理学或工学学士学位）
070604T	地球系统科学

0707	**海洋科学类**
070701	海洋科学
070702	海洋技术（注：可授理学或工学学士学位）
070703T	海洋资源与环境
070704T	军事海洋学
070705T	海洋科学与技术
0708	**地球物理学类**
070801	地球物理学
070802	空间科学与技术（注：可授理学或工学学士学位）
070803T	防灾减灾科学与工程（注：授予工学学士学位）
070804TK	行星科学
0709	**地质学类**
070901	地质学
070902	地球化学
070903T	地球信息科学与技术（注：可授理学或工学学士学位）
070904T	古生物学
0710	**生物科学类**
071001	生物科学
071002	生物技术（注：可授理学或工学学士学位）
071003	生物信息学（注：可授理学或工学学士学位）
071004	生态学
071005T	整合科学
071006T	神经科学

0711	**心理学类**
071101	心理学（注：可授理学或教育学学士学位）
071102	应用心理学（注：可授理学或教育学学士学位）
0712	**统计学类**
071201	统计学
071202	应用统计学
071203T	数据科学
071204T	生物统计学

08　学科门类：工学

0801	**力学类**
080101	理论与应用力学（注：可授工学或理学学士学位）
080102	工程力学
0802	**机械类**
080201	机械工程
080202	机械设计制造及其自动化
080203	材料成型及控制工程
080204	机械电子工程
080205	工业设计
080206	过程装备与控制工程
080207	车辆工程
080208	汽车服务工程
080209T	机械工艺技术

080210T	微机电系统工程
080211T	机电技术教育
080212T	汽车维修工程教育
080213T	智能制造工程
080214T	智能车辆工程
080215T	仿生科学与工程
080216T	新能源汽车工程
080217T	增材制造工程
080218T	智能交互设计
080219T	应急装备技术与工程
080220T	农林智能装备工程
0803	**仪器类**
080301	测控技术与仪器
080302T	精密仪器
080303T	智能感知工程
0804	**材料类**
080401	材料科学与工程
080402	材料物理（注：可授工学或理学学士学位）
080403	材料化学（注：可授工学或理学学士学位）
080404	冶金工程
080405	金属材料工程
080406	无机非金属材料工程
080407	高分子材料与工程

080408	复合材料与工程
080409T	粉体材料科学与工程
080410T	宝石及材料工艺学
080411T	焊接技术与工程
080412T	功能材料
080413T	纳米材料与技术
080414T	新能源材料与器件
080415T	材料设计科学与工程
080416T	复合材料成型工程
080417T	智能材料与结构
080418T	光电信息材料与器件
080419T	生物材料
080420T	材料智能技术
080421T	电子信息材料
080422T	软物质科学与工程
080423T	稀土材料科学与工程
0805	**能源动力类**
080501	能源与动力工程
080502T	能源与环境系统工程
080503T	新能源科学与工程
080504T	储能科学与工程
080505T	能源服务工程
080506TK	氢能科学与工程

080507TK	可持续能源
0806	**电气类**
080601	电气工程及其自动化
080602T	智能电网信息工程
080603T	光源与照明
080604T	电气工程与智能控制
080605T	电机电器智能化
080606T	电缆工程
080607T	能源互联网工程
080608TK	智慧能源工程
080609T	电动载运工程
080610TK	大功率半导体科学与工程
0807	**电子信息类**
080701	电子信息工程（注：可授工学或理学学士学位）
080702	电子科学与技术（注：可授工学或理学学士学位）
080703	通信工程
080704	微电子科学与工程（注：可授工学或理学学士学位）
080705	光电信息科学与工程（注：可授工学或理学学士学位）
080706	信息工程
080707T	广播电视工程
080708T	水声工程
080709T	电子封装技术
080710T	集成电路设计与集成系统

080711T	医学信息工程
080712T	电磁场与无线技术
080713T	电波传播与天线
080714T	电子信息科学与技术（注：可授工学或理学学士学位）
080715T	电信工程及管理
080716T	应用电子技术教育
080717T	人工智能
080718T	海洋信息工程
080719T	柔性电子学
080720T	智能测控工程
080721T	智能视觉工程
080722T	智能视听工程
0808	**自动化类**
080801	自动化
080802T	轨道交通信号与控制
080803T	机器人工程
080804T	邮政工程
080805T	核电技术与控制工程
080806T	智能装备与系统
080807T	工业智能
080808T	智能工程与创意设计
0809	**计算机类**
080901	计算机科学与技术（注：可授工学或理学学士学位）

080902　　　　　　　软件工程

080903　　　　　　　网络工程

080904K　　　　　　信息安全（注：可授工学或理学或管理学学士学位）

080905　　　　　　　物联网工程

080906　　　　　　　数字媒体技术

080907T　　　　　　智能科学与技术（注：可授工学或理学学士学位）

080908T　　　　　　空间信息与数字技术

080909T　　　　　　电子与计算机工程

080910T　　　　　　数据科学与大数据技术（注：可授工学或理学学士学位）

080911TK　　　　　网络空间安全

080912T　　　　　　新媒体技术

080913T　　　　　　电影制作

080914TK　　　　　保密技术

080915T　　　　　　服务科学与工程

080916T　　　　　　虚拟现实技术

080917T　　　　　　区块链工程

080918TK　　　　　密码科学与技术

080919T　　　　　　工业软件

0810　　　　　　　土木类

081001　　　　　　　土木工程

081002　　　　　　　建筑环境与能源应用工程

081003　　　　　　　给排水科学与工程

081004　　　　　　　建筑电气与智能化

081005T	城市地下空间工程
081006T	道路桥梁与渡河工程
081007T	铁道工程
081008T	智能建造
081009T	土木、水利与海洋工程
081010T	土木、水利与交通工程
081011T	城市水系统工程
081012T	智能建造与智慧交通
081013T	工程软件
0811	**水利类**
081101	水利水电工程
081102	水文与水资源工程
081103	港口航道与海岸工程
081104T	水务工程
081105T	水利科学与工程
081106T	智慧水利
0812	**测绘类**
081201	测绘工程
081202	遥感科学与技术
081203T	导航工程
081204T	地理国情监测
081205T	地理空间信息工程
081206TK	时空信息工程

0813	**化工与制药类**
081301	化学工程与工艺
081302	制药工程
081303T	资源循环科学与工程
081304T	能源化学工程
081305T	化学工程与工业生物工程
081306T	化工安全工程
081307T	涂料工程
081308T	精细化工
081309T	智能分子工程
0814	**地质类**
081401	地质工程
081402	勘查技术与工程
081403K	资源勘查工程
081404T	地下水科学与工程
081405T	旅游地学与规划工程
081406T	智能地球探测
081407T	资源环境大数据工程
0815	**矿业类**
081501	采矿工程
081502	石油工程
081503	矿物加工工程
081504	油气储运工程

081505T	矿物资源工程
081506T	海洋油气工程
081507T	智能采矿工程
081508TK	碳储科学与工程

0816   **纺织类**

081601	纺织工程
081602	服装设计与工程（注：可授工学或艺术学学士学位）
081603T	非织造材料与工程
081604T	服装设计与工艺教育
081605T	丝绸设计与工程

0817   **轻工类**

081701	轻化工程
081702	包装工程
081703	印刷工程
081704T	香料香精技术与工程
081705T	化妆品技术与工程
081706TK	生物质能源与材料
081707T	生物质技术与工程

0818   **交通运输类**

081801	交通运输
081802	交通工程
081803K	航海技术
081804K	轮机工程

081805K	飞行技术
081806T	交通设备与控制工程
081807T	救助与打捞工程
081808TK	船舶电子电气工程
081809T	轨道交通电气与控制
081810T	邮轮工程与管理
081811T	智慧交通
081812T	智能运输工程
0819	**海洋工程类**
081901	船舶与海洋工程
081902T	海洋工程与技术
081903T	海洋资源开发技术
081904T	海洋机器人
081905T	智慧海洋技术
081906T	智能海洋装备
0820	**航空航天类**
082001	航空航天工程
082002	飞行器设计与工程
082003	飞行器制造工程
082004	飞行器动力工程
082005	飞行器环境与生命保障工程
082006T	飞行器质量与可靠性
082007T	飞行器适航技术

082008T	飞行器控制与信息工程
082009T	无人驾驶航空器系统工程
082010T	智能飞行器技术
082011T	空天智能电推进技术
082012T	飞行器运维工程
0821	**兵器类**
082101	武器系统与工程
082102	武器发射工程
082103	探测制导与控制技术
082104	弹药工程与爆炸技术
082105	特种能源技术与工程
082106	装甲车辆工程
082107	信息对抗技术
082108T	智能无人系统技术
0822	**核工程类**
082201	核工程与核技术
082202	辐射防护与核安全
082203	工程物理
082204	核化工与核燃料工程
0823	**农业工程类**
082301	农业工程
082302	农业机械化及其自动化
082303	农业电气化

082304	农业建筑环境与能源工程
082305	农业水利工程
082306T	土地整治工程
082307T	农业智能装备工程
0824	**林业工程类**
082401	森林工程
082402	木材科学与工程
082403	林产化工
082404T	家具设计与工程
082405T	木结构建筑与材料
0825	**环境科学与工程类**
082501	环境科学与工程
082502	环境工程
082503	环境科学（注：可授工学或理学学士学位）
082504	环境生态工程
082505T	环保设备工程
082506T	资源环境科学（注：可授工学或理学学士学位）
082507T	水质科学与技术
0826	**生物医学工程类**
082601	生物医学工程（注：可授工学或理学学士学位）
082602T	假肢矫形工程
082603T	临床工程技术
082604T	康复工程

082605T	健康科学与技术

0827　食品科学与工程类

082701	食品科学与工程（注：可授工学或农学学士学位）
082702	食品质量与安全
082703	粮食工程
082704	乳品工程
082705	酿酒工程
082706T	葡萄与葡萄酒工程
082707T	食品营养与检验教育
082708T	烹饪与营养教育
082709T	食品安全与检测
082710T	食品营养与健康
082711T	食用菌科学与工程
082712T	白酒酿造工程
082713T	咖啡科学与工程

0828　建筑类

082801	建筑学
082802	城乡规划
082803	风景园林（注：可授工学或艺术学学士学位）
082804T	历史建筑保护工程
082805T	人居环境科学与技术
082806T	城市设计
082807T	智慧建筑与建造

0829	**安全科学与工程类**
082901	安全工程
082902T	应急技术与管理
082903T	职业卫生工程
082904T	安全生产监管
082905TK	智慧应急
0830	**生物工程类**
083001	生物工程
083002T	生物制药
083003T	合成生物学
0831	**公安技术类**
083101K	刑事科学技术
083102K	消防工程
083103TK	交通管理工程
083104TK	安全防范工程
083105TK	公安视听技术
083106TK	抢险救援指挥与技术
083107TK	火灾勘查
083108TK	网络安全与执法
083109TK	核生化消防
083110TK	海警舰艇指挥与技术
083111TK	数据警务技术
083112TK	食品药品环境犯罪侦查技术

0832	交叉工程类
083201TK	未来机器人
083202TK	交叉工程
083203TK	低空技术与工程
083204TK	集成电路科学与工程
083205T	碳中和科学与工程
083206T	智慧城市与空间规划

09 学科门类：农学

0901	植物生产类
090101	农学
090102	园艺
090103	植物保护
090104	植物科学与技术
090105	种子科学与工程
090106	设施农业科学与工程（注：可授农学或工学学士学位）
090107T	茶学
090108T	烟草
090109T	应用生物科学（注：可授农学或理学学士学位）
090110T	农艺教育
090111T	园艺教育
090112T	智慧农业
090113T	菌物科学与工程

090114T	农药化肥
090115T	生物农药科学与工程
090116TK	生物育种科学（注：授予理学学士学位）
090117TK	生物育种技术

0902 **自然保护与环境生态类**

090201	农业资源与环境
090202	野生动物与自然保护区管理
090203	水土保持与荒漠化防治
090204T	生物质科学与工程
090205T	土地科学与技术
090206T	湿地保护与恢复
090207TK	国家公园建设与管理（注：可授农学或管理学学士学位）
090208TK	生态修复学

0903 **动物生产类**

090301	动物科学
090302T	蚕学
090303T	蜂学
090304T	经济动物学
090305T	马业科学
090306T	饲料工程（注：可授农学或工学学士学位）
090307T	智慧牧业科学与工程

0904 **动物医学类**

090401	动物医学

090402	动物药学
090403T	动植物检疫（注：可授农学或理学学士学位）
090404T	实验动物学
090405T	中兽医学
090406TK	兽医公共卫生
0905	**林学类**
090501	林学
090502	园林
090503	森林保护
090504T	经济林
090505T	智慧林业
0906	**水产类**
090601	水产养殖学
090602	海洋渔业科学与技术
090603T	水族科学与技术
090604TK	水生动物医学
0907	**草学类**
090701	草业科学
090702T	草坪科学与工程

10 学科门类：医学

1001	**基础医学类**
100101K	基础医学

100102TK	生物医学（注：授予理学学士学位）
100103T	生物医学科学（注：授予理学学士学位）

1002　　　　　　　**临床医学类**

100201K	临床医学
100202TK	麻醉学
100203TK	医学影像学
100204TK	眼视光医学
100205TK	精神医学
100206TK	放射医学
100207TK	儿科学

1003　　　　　　　**口腔医学类**

100301K	口腔医学

1004　　　　　　　**公共卫生与预防医学类**

100401K	预防医学
100402	食品卫生与营养学（注：授予理学学士学位）
100403TK	妇幼保健医学
100404TK	卫生监督
100405TK	全球健康学（注：授予理学学士学位）
100406T	运动与公共健康（注：授予理学学士学位）

1005　　　　　　　**中医学类**

100501K	中医学
100502K	针灸推拿学
100503K	藏医学

100504K	蒙医学
100505K	维医学
100506K	壮医学
100507K	哈医学
100508TK	傣医学
100509TK	回医学
100510TK	中医康复学
100511TK	中医养生学
100512TK	中医儿科学
100513TK	中医骨伤科学
1006	**中西医结合类**
100601K	中西医临床医学
1007	**药学类**
100701	药学（注：授予理学学士学位）
100702	药物制剂（注：授予理学学士学位）
100703TK	临床药学（注：授予理学学士学位）
100704T	药事管理（注：授予理学学士学位）
100705T	药物分析（注：授予理学学士学位）
100706T	药物化学（注：授予理学学士学位）
100707T	海洋药学（注：授予理学学士学位）
100708T	化妆品科学与技术（注：授予理学学士学位）
100709TK	药物经济与管理（注：授予管理学学士学位）

1008	中药学类
100801	中药学（注：授予理学学士学位）
100802	中药资源与开发（注：授予理学学士学位）
100803T	藏药学（注：授予理学学士学位）
100804T	蒙药学（注：授予理学学士学位）
100805T	中药制药（注：可授理学或工学学士学位）
100806T	中草药栽培与鉴定（注：授予理学学士学位）
1009	**法医学类**
100901K	法医学
1010	**医学技术类**
101001	医学检验技术（注：授予理学学士学位）
101002	医学实验技术（注：授予理学学士学位）
101003	医学影像技术（注：授予理学学士学位）
101004	眼视光学（注：授予理学学士学位）
101005	康复治疗学（注：授予理学学士学位）
101006	口腔医学技术（注：授予理学学士学位）
101007	卫生检验与检疫（注：授予理学学士学位）
101008T	听力与言语康复学（注：授予理学学士学位）
101009T	康复物理治疗（注：授予理学学士学位）
101010T	康复作业治疗（注：授予理学学士学位）
101011T	智能医学工程（注：授予工学学士学位）
101012T	生物医药数据科学（注：授予理学学士学位）
101013T	智能影像工程（注：授予工学学士学位）

101014TK	医工学（注：授予工学学士学位）
101015TK	医疗器械与装备工程（注：授予工学学士学位）
101016TK	健康与医疗保障（注：授予管理学学士学位）
101017TK	老年医学与健康（注：授予管理学学士学位）
1011	**护理学类**
101101K	护理学（注：授予理学学士学位）
101102TK	助产学（注：授予理学学士学位）

12　学科门类：管理学

1201	**管理科学与工程类**
120101	管理科学（注：可授管理学或理学学士学位）
120102	信息管理与信息系统（注：可授管理学或工学学士学位）
120103	工程管理（注：可授管理学或工学学士学位）
120104	房地产开发与管理
120105	工程造价（注：可授管理学或工学学士学位）
120106TK	保密管理
120107T	邮政管理
120108T	大数据管理与应用
120109T	工程审计
120110T	计算金融
120111T	应急管理
1202	**工商管理类**
120201K	工商管理

120202	市场营销
120203K	会计学
120204	财务管理
120205	国际商务
120206	人力资源管理
120207	审计学
120208	资产评估
120209	物业管理
120210	文化产业管理（注：可授管理学或艺术学学士学位）
120211T	劳动关系
120212T	体育经济与管理
120213T	财务会计教育
120214T	市场营销教育
120215T	零售业管理
120216T	创业管理
120217TK	海关稽查
120218T	内部审计
1203	**农业经济管理类**
120301	农林经济管理
120302	农村区域发展（注：可授管理学或农学学士学位）
120303TK	乡村治理
1204	**公共管理类**
120401	公共事业管理

120402	行政管理
120403	劳动与社会保障
120404	土地资源管理（注：可授管理学或工学学士学位）
120405	城市管理
120406TK	海关管理
120407T	交通管理（注：可授管理学或工学学士学位）
120408T	海事管理
120409T	公共关系学
120410T	健康服务与管理
120411TK	海警后勤管理
120412T	医疗产品管理
120413T	医疗保险
120414T	养老服务管理
120415TK	海关检验检疫安全
120416TK	海外安全管理
120417T	自然资源登记与管理
120418T	慈善管理
120419TK	航空安防管理
120420TK	无障碍管理
120421TK	人才发展与管理
1205	**图书情报与档案管理类**
120501	图书馆学
120502	档案学

| 120503 | 信息资源管理 |

1206   **物流管理与工程类**

120601	物流管理
120602	物流工程（注：可授管理学或工学学士学位）
120603T	采购管理
120604T	供应链管理

1207   **工业工程类**

120701	工业工程（注：可授管理学或工学学士学位）
120702T	标准化工程
120703T	质量管理工程

1208   **电子商务类**

120801	电子商务（注：可授管理学或经济学或工学学士学位）
120802T	电子商务及法律
120803T	跨境电子商务

1209   **旅游管理类**

120901K	旅游管理
120902	酒店管理
120903	会展经济与管理
120904T	旅游管理与服务教育
120905TK	国际邮轮管理

13 学科门类：艺术学

1301	**艺术学理论类**
130101	艺术史论
130102T	艺术管理
130103T	非物质文化遗产保护

1302	**音乐与舞蹈学类**
130201	音乐表演
130202	音乐学
130203	作曲与作曲技术理论
130204	舞蹈表演
130205	舞蹈学
130206	舞蹈编导
130207T	舞蹈教育
130208TK	航空服务艺术与管理
130209T	流行音乐
130210T	音乐治疗
130211T	流行舞蹈
130212T	音乐教育
130213TK	冰雪舞蹈表演
130214TK	舞蹈治疗
130215T	音乐科技

1303	**戏剧与影视学类**
130301	表演
130302	戏剧学
130303	电影学
130304	戏剧影视文学
130305	广播电视编导
130306	戏剧影视导演
130307	戏剧影视美术设计
130308	录音艺术
130309	播音与主持艺术
130310	动画
130311T	影视摄影与制作
130312T	影视技术
130313T	戏剧教育
130314TK	曲艺
130315TK	音乐剧
130316T	数字戏剧
130317T	数字演艺设计
130318T	智能影像艺术
1304	**美术学类**
130401	美术学
130402	绘画
130403	雕塑

130404	摄影
130405T	书法学
130406T	中国画
130407TK	实验艺术
130408TK	跨媒体艺术
130409T	文物保护与修复
130410T	漫画
130411T	纤维艺术
130412TK	科技艺术
130413TK	美术教育
130414T	虚拟空间艺术
1305	**设计学类**
130501	艺术设计学
130502	视觉传达设计
130503	环境设计
130504	产品设计
130505	服装与服饰设计
130506	公共艺术
130507	工艺美术
130508	数字媒体艺术
130509T	艺术与科技
130510TK	陶瓷艺术设计
130511T	新媒体艺术

130512T	包装设计
130513TK	珠宝首饰设计与工艺
130514T	人居设计
130515TK	游戏艺术设计

附录 C

研究生教育学科专业目录（2022 年）

说　明

一、《研究生教育学科专业目录》分为学科门类、一级学科和专业学位类别，是国家进行学位授权审核与学科专业管理、学位授予单位开展学位授予与人才培养工作的基本依据，适用于硕士博士学位授予、招生培养，学科专业建设和教育统计、就业指导服务等工作。

二、本目录是在原《学位授予和人才培养学科目录（2011 年颁布，2018 年修订）》基础上编制形成的。

三、本目录中学科门类代码为两位阿拉伯数字，一级学科和专业学位类别代码为四位阿拉伯数字，其中代码第三位从"5"开始的为专业学位类别。

四、除交叉学科门类外，各一级学科按所属学科门类授予学位。

五、专业学位类别按其名称授予学位。名称后加"*"的仅可授硕士专业学位，其他可授硕士、博士专业学位。

六、本目录注明可授不同学科门类学位的一级学科，可分属不同学科门类，此类一级学科授予学位的学科门类由学位授予单位学位评定委员会决定。

01 哲学

| 0101 | 哲学 |
| 0151 | 应用伦理 * |

02 经济学

0201	理论经济学
0202	应用经济学
0251	金融 *
0252	应用统计 *
0253	税务 *
0254	国际商务 *
0255	保险 *
0256	资产评估 *
0258	数字经济 *

03 法学

0301	法学
0302	政治学
0303	社会学
0304	民族学
0305	马克思主义理论
0306	公安学

0307	中共党史党建学
0308	纪检监察学
0351	法律
0352	社会工作
0353	警务 *
0354	知识产权 *
0355	国际事务 *

04　教育学

0401	教育学
0402	心理学（可授教育学、理学学位）
0403	体育学
0451	教育
0452	体育
0453	国际中文教育
0454	应用心理

05　文学

0501	中国语言文学
0502	外国语言文学
0503	新闻传播学
0551	翻译
0552	新闻与传播 *

0553	出版

06 历史学

0601	考古学
0602	中国史
0603	世界史
0651	博物馆 *

07 理学

0701	数学
0702	物理学
0703	化学
0704	天文学
0705	地理学
0706	大气科学
0707	海洋科学
0708	地球物理学
0709	地质学
0710	生物学
0711	系统科学
0712	科学技术史（可授理学、工学、农学、医学学位）
0713	生态学
0714	统计学（可授理学、经济学学位）

0751	气象

08　工学

0801	力学（可授工学、理学学位）
0802	机械工程
0803	光学工程
0804	仪器科学与技术
0805	材料科学与工程（可授工学、理学学位）
0806	冶金工程
0807	动力工程及工程热物理
0808	电气工程
0809	电子科学与技术（可授工学、理学学位）
0810	信息与通信工程
0811	控制科学与工程
0812	计算机科学与技术（可授工学、理学学位）
0813	建筑学
0814	土木工程
0815	水利工程
0816	测绘科学与技术
0817	化学工程与技术
0818	地质资源与地质工程
0819	矿业工程
0820	石油与天然气工程

0821	纺织科学与工程
0822	轻工技术与工程
0823	交通运输工程
0824	船舶与海洋工程
0825	航空宇航科学与技术
0826	兵器科学与技术
0827	核科学与技术
0828	农业工程
0829	林业工程
0830	环境科学与工程（可授工学、理学、农学学位）
0831	生物医学工程（可授工学、理学、医学学位）
0832	食品科学与工程（可授工学、农学学位）
0833	城乡规划学
0835	软件工程
0836	生物工程
0837	安全科学与工程（可授工学、管理学学位）
0838	公安技术
0839	网络空间安全
0851	建筑 *
0853	城乡规划 *
0854	电子信息
0855	机械
0856	材料与化工

0857	资源与环境
0858	能源动力
0859	土木水利
0860	生物与医药
0861	交通运输
0862	风景园林

09 农学

0901	作物学
0902	园艺学
0903	农业资源与环境
0904	植物保护
0905	畜牧学
0906	兽医学
0907	林学
0908	水产
0909	草学
0910	水土保持与荒漠化防治学
0951	农业
0952	兽医
0954	林业
0955	食品与营养 *

10 医学

1001	基础医学（可授医学、理学学位）
1002	临床医学（同时设专业学位类别，代码为 1051）
1003	口腔医学（同时设专业学位类别，代码为 1052）
1004	公共卫生与预防医学（可授医学、理学学位）
1005	中医学
1006	中西医结合
1007	药学（可授医学、理学学位，同时设专业学位类别，代码为 1055）
1008	中药学（可授医学、理学学位）
1009	特种医学
1011	护理学（可授医学、理学学位）
1012	法医学
1053	公共卫生
1054	护理 *
1056	中药 *
1057	中医
1058	医学技术
1059	针灸 *

11 军事学

1101	军事思想与军事历史

1102	战略学
1103	联合作战学
1104	军兵种作战学
1105	军队指挥学
1106	军队政治工作学
1107	军事后勤学
1108	军事装备学
1109	军事管理学
1110	军事训练学
1111	军事智能
1152	联合作战指挥 *
1153	军兵种作战指挥 *
1154	作战指挥保障 *
1155	战时政治工作 *
1156	后勤与装备保障 *
1157	军事训练与管理 *

12 管理学

1201	管理科学与工程（可授管理学、工学学位）
1202	工商管理学
1203	农林经济管理
1204	公共管理学
1205	信息资源管理

1251	工商管理 *
1252	公共管理 *
1253	会计
1254	旅游管理 *
1255	图书情报 *
1256	工程管理 *
1257	审计

13　艺术学

1301	艺术学（含音乐、舞蹈、戏剧与影视、戏曲与曲艺、美术与书法、设计等历史、理论和评论研究）
1352	音乐
1353	舞蹈
1354	戏剧与影视
1355	戏曲与曲艺
1356	美术与书法
1357	设计

14　交叉学科

1401	集成电路科学与工程（可授理学、工学学位）
1402	国家安全学（可授法学、工学、管理学、军事学学位）
1403	设计学（可授工学、艺术学学位）
1404	遥感科学与技术（可授理学、工学学位）

1405	智能科学与技术（可授理学、工学学位）
1406	纳米科学与工程（可授理学、工学学位）
1407	区域国别学（可授经济学、法学、文学、历史学学位）
1451	文物
1452	密码 *

附录 D

河北省 2025 年度定向招录选调生有关院校（学科）名单

国内重点院校

一、部分重点院校

北京大学、中国人民大学、清华大学、北京航空航天大学、北京理工大学、中国农业大学、北京师范大学、中央民族大学、南开大学、天津大学、大连理工大学、吉林大学、哈尔滨工业大学、复旦大学、同济大学、上海交通大学、华东师范大学、南京大学、东南大学、浙江大学、中国科学技术大学、厦门大学、山东大学、中国海洋大学、武汉大学、华中科技大学、中南大学、中山大学、华南理工大学、四川大学、重庆大学、电子科技大学、西安交通大学、西北工业大学、兰州大学、国防科技大学、东北大学、郑州大学、湖南大学、云南大学、西北农林科技大学、新疆大学、北京科技大学、北京交通大学、北京林业大学、中国地质大学（北京）

二、部分重点学科

北京工业大学：土木工程

北京化工大学：化学工程与技术

北京邮电大学：信息与通信工程、计算机科学与技术

北京协和医学院：生物学、生物医学工程、临床医学、公共卫生与预防医

学、药学

    北京中医药大学：中医学、中西医结合、中药学

    首都师范大学：数学

    北京外国语大学：外国语言文学

    中国传媒大学：新闻传播学、戏剧与影视学

    外交学院：政治学

    中国人民公安大学：公安学

    北京体育大学：体育学

    中央音乐学院：音乐与舞蹈学

    中国音乐学院：音乐与舞蹈学

    中央美术学院：美术学、设计学

    中央戏剧学院：戏剧与影视学

    天津工业大学：纺织科学与工程

    天津医科大学：临床医学

    天津中医药大学：中药学

    华北电力大学：电气工程

    河北工业大学：电气工程

    山西大学：哲学、物理学

    太原理工大学：化学工程与技术

    内蒙古大学：生物学

    辽宁大学：应用经济学

    大连海事大学：交通运输工程

    延边大学：外国语言文学

　　东北师范大学：马克思主义理论、教育学、世界史、化学、统计学、材料科学与工程

　　哈尔滨工程大学：船舶与海洋工程

　　东北农业大学：畜牧学

　　东北林业大学：林业工程、林学

　　华东理工大学：化学、材料科学与工程、化学工程与技术

　　东华大学：材料科学与工程、纺织科学与工程

　　上海海洋大学：水产

　　上海中医药大学：中医学、中药学

　　上海外国语大学：外国语言文学

　　上海体育学院：体育学

　　上海音乐学院：音乐与舞蹈学

　　上海大学：机械工程

　　苏州大学：材料科学与工程

　　南京航空航天大学：力学、控制科学与工程、航空宇航科学与技术

　　南京理工大学：兵器科学与技术

　　中国矿业大学：矿业工程、安全科学与工程

　　南京邮电大学：电子科学与技术

　　河海大学：水利工程、环境科学与工程

　　江南大学：轻工技术与工程、食品科学与工程

　　南京林业大学：林业工程

　　南京信息工程大学：大气科学

　　南京农业大学：作物学、农业资源与环境

南京医科大学：公共卫生与预防医学

南京中医药大学：中药学

中国药科大学：中药学

南京师范大学：地理学

中国美术学院：美术学

安徽大学：材料科学与工程

合肥工业大学：管理科学与工程

福州大学：化学

南昌大学：材料科学与工程

中国石油大学（华东）：地质资源与地质工程、石油与天然气工程

河南大学：生物学

中国地质大学（武汉）：地质学、地质资源与地质工程

武汉理工大学：材料科学与工程

华中农业大学：生物学、园艺学、畜牧学、兽医学、农林经济管理

华中师范大学：政治学、教育学、中国语言文学

湘潭大学：数学

湖南师范大学：外国语言文学

暨南大学：药学

华南农业大学：作物学

广州医科大学：临床医学

广州中医药大学：中医学

华南师范大学：物理学

海南大学：作物学

广西大学：土木工程

西南交通大学：交通运输工程

西南石油大学：石油与天然气工程

成都理工大学：地质资源与地质工程

四川农业大学：作物学

成都中医药大学：中药学

西南大学：教育学、生物学

贵州大学：植物保护

西藏大学：生态学

西北大学：考古学、地质学

西安电子科技大学：信息与通信工程、计算机科学与技术

长安大学：交通运输工程

陕西师范大学：中国语言文学

青海大学：生态学

宁夏大学：化学工程与技术

石河子大学：化学工程与技术

中国矿业大学（北京）：矿业工程、安全科学与工程

中国石油大学（北京）：地质资源与地质工程、石油与天然气工程

宁波大学：力学

南方科技大学：数学

上海科技大学：材料科学与工程

海军军医大学：基础医学

空军军医大学：临床医学

三、部分知名科研院所

中国科学院大学、中国社会科学院大学、中国农业科学院、中国财政科学研究院、中国水利水电科学研究院

四、部分财经类（限财经类专业）、政法类（限法律类专业）院校

中央财经大学、中南财经政法大学、西南财经大学、上海财经大学、对外经济贸易大学、东北财经大学、中国政法大学、西南政法大学、华东政法大学

河北省属骨干本科院校

河北大学、河北工业大学、燕山大学、河北农业大学、河北师范大学、河北医科大学、河北经贸大学、河北科技大学、华北理工大学、石家庄铁道大学、河北工程大学、河北中医药大学、河北地质大学

附录 E

央企名录

国资委履行出资人职责的中央企业名录

1. 中国核工业集团有限公司

2. 中国航天科技集团有限公司

3. 中国航天科工集团有限公司

4. 中国航空工业集团有限公司

5. 中国船舶集团有限公司

6. 中国兵器工业集团有限公司

7. 中国兵器装备集团有限公司

8. 中国电子科技集团有限公司

9. 中国航空发动机集团有限公司

10. 中国融通资产管理集团有限公司

11. 中国石油天然气集团有限公司

12. 中国石油化工集团有限公司

13. 中国海洋石油集团有限公司

14. 国家石油天然气管网集团有限公司

15. 国家电网有限公司

16. 中国南方电网有限责任公司

17. 中国华能集团有限公司

18. 中国大唐集团有限公司

19. 中国华电集团有限公司

20. 国家电力投资集团有限公司

21. 中国长江三峡集团有限公司

22. 中国雅汀集团有限公司

23. 国家能源投资集团有限责任公司

24. 中国电信集团有限公司

25. 中国联合网络通信集团有限公司

26. 中国移动通信集团有限公司

27. 中国卫星网络集团有限公司

28. 中国电子信息产业集团有限公司

29. 中国第一汽车集团有限公司

30. 东风汽车集团有限公司

31. 中国一重集团有限公司

32. 中国机械工业集团有限公司

33. 哈尔滨电气集团有限公司

34. 中国东方电气集团有限公司

35. 鞍钢集团有限公司

36. 中国宝武钢铁集团有限公司

37. 中国矿产资源集团有限公司

38. 中国铝业集团有限公司

39. 中国远洋海运集团有限公司

40. 中国航空集团有限公司

41. 中国东方航空集团有限公司

42. 中国南方航空集团有限公司

43. 中国中化控股有限责任公司

44. 中粮集团有限公司

45. 中国五矿集团有限公司

46. 中国通用技术（集团）控股有限责任公司

47. 中国建筑集团有限公司

48. 中国储备粮管理集团有限公司

49. 中国南水北调集团有限公司

50. 国家开发投资集团有限公司

51. 招商局集团有限公司

52. 华润（集团）有限公司

53. 中国旅游集团有限公司 [香港中旅（集团）有限公司]

54. 中国商用飞机有限责任公司

55. 中国节能环保集团有限公司

56. 中国国际工程咨询有限公司

57. 中国诚通控股集团有限公司

58. 中国中煤能源集团有限公司

59. 中国煤炭科工集团有限公司

60. 中国机械科学研究总院集团有限公司

61. 中国钢研科技集团有限公司

62. 中国化学工程集团有限公司

63. 中国盐业集团有限公司

64. 中国建材集团有限公司

65. 中国有色矿业集团有限公司

66. 中国稀土集团有限公司

67. 中国资源循环集团有限公司

68. 中国有研科技集团有限公司

69. 矿冶科技集团有限公司

70. 中国国际技术智力合作集团有限公司

71. 中国建筑科学研究院有限公司

72. 中国中车集团有限公司

73. 中国长安汽车集团有限公司

74. 中国铁路通信信号集团有限公司

75. 中国铁路工程集团有限公司

76. 中国铁道建筑集团有限公司

77. 中国交通建设集团有限公司

78. 中国信息通信科技集团有限公司

79. 中国农业发展集团有限公司

80. 中国林业集团有限公司

81. 中国医药集团有限公司

82. 中国保利集团有限公司

83. 中国建设科技有限公司

84. 中国冶金地质总局

85. 中国煤炭地质总局

86. 新兴际华集团有限公司

87. 中国民航信息集团有限公司

88. 中国航空油料集团有限公司

89. 中国航空器材集团有限公司

90. 中国电力建设集团有限公司

91. 中国能源建设集团有限公司

92. 中国安能建设集团有限公司

93. 中国黄金集团有限公司

94. 中国广核集团有限公司

95. 华侨城集团有限公司

96. 南光（集团）有限公司 [中国南光集团有限公司]

97. 中国电气装备集团有限公司

98. 中国物流集团有限公司

99. 中国国新控股有限责任公司

100. 中国检验认证（集团）有限公司

国务院授权财政部履行出资人职责的中央企业名录

1. 中国国家铁路集团有限公司

2. 中国邮政集团有限公司

3. 中国烟草总公司

4. 北大荒农垦集团有限公司

国务院授权财政部履行出资人职责的中央文化企业名录

1.　中国方正出版社有限公司

2.　党建读物出版社有限公司

3.　中国出版集团有限公司

4.　中国新闻出版传媒集团有限公司

5.　五洲传播出版传媒有限公司

6.　学习出版社有限公司

7.　线装书局有限公司

8.　中国书籍出版社有限公司

9.　宗教文化出版社有限公司

10.　当代世界出版社有限公司

11.　中国长安出版传媒有限公司

12.　九州出版社有限公司

13.　世界知识出版社有限公司

14.　中国计划出版社有限公司

15.　中国市场出版社有限公司

16.　中国教育出版传媒集团有限公司

17.　教育科学出版社有限公司

18.　科学技术文献出版社有限公司

19.　中国工信出版传媒集团有限责任公司

20.　中国民族文化出版社有限公司

21.　中国社会出版社有限公司

22.　法律出版社有限公司

23.　中国法治出版社有限公司

24.　中国财经出版传媒集团有限责任公司

25.　中国人力资源和社会保障出版集团有限公司

26.　中国地图出版社集团有限公司

27.　海洋出版社有限公司

28.　中国大地出版传媒集团有限公司

29.　成都地图出版社有限公司

30.　西安地图出版社有限公司

31.　哈尔滨地图出版社有限公司

32.　中国环境出版集团有限公司

33.　中国环境报社有限公司

34.　中国建筑出版传媒有限公司

35.　中国城市出版社有限公司

36.　建筑杂志社有限公司

37.　人民交通出版传媒管理有限公司

38.　中国交通报社有限公司

39.　中国水运报社有限公司

40.　中国水利水电出版传媒集团有限公司

41.　中国农业出版社有限公司

42.　中国农业科学技术出版社有限公司

43.　中国商务出版社有限公司

44.　中国文化传媒集团有限公司

45. 中国东方演艺集团有限公司

46. 国家图书馆出版社有限公司

47. 中国动漫集团有限公司

48. 中国数字文化集团有限公司

49. 故宫出版社有限公司

50. 文化艺术出版社有限公司

51. 中国旅游出版社有限公司

52. 人民卫生出版社有限公司

53. 健康报社有限公司

54. 中国人口与健康出版社有限公司

55. 应急管理出版社有限公司

56. 中国应急管理报社有限公司

57. 中国金融出版社有限公司

58. 中国时代经济出版社有限公司

59. 化学工业出版社有限公司

60. 中国轻工业出版社有限公司

61. 中国纺织出版社有限公司

62. 冶金工业出版社有限公司

63. 中国财富出版社有限公司

64. 中国商业出版社有限公司

65. 企业管理出版社有限公司

66. 中国海关出版社有限公司

67. 中国税务出版社有限公司

68. 中国质量标准出版传媒有限公司

69. 中国工商出版社有限公司

70. 中国广播电视网络集团有限公司

71. 中广传播集团有限公司

72. 中国广播影视出版社有限公司

73. 中国体育报业总社有限公司

74. 中国统计出版社有限公司

75. 中国言实出版社有限公司

76. 中国国际广播出版社有限公司

77. 中国能源传媒集团有限公司

78. 中国林业出版社有限公司

79. 中国民航报社有限公司

80. 中国民航出版社有限公司

81. 文物出版社有限公司

82. 中国文物报社有限公司

83. 中国中医药出版社有限公司

84. 中国中医药报社有限公司

85. 中医古籍出版社有限公司

86. 中国健康传媒集团有限公司

87. 知识产权出版社有限责任公司

88. 金城出版社有限公司

89. 中国文史出版社有限公司

90. 人民法院出版社有限公司

91. 中国检察出版社有限公司

92. 中国少年儿童新闻出版总社有限公司

93. 中国青年出版总社有限公司

94. 中国妇女出版社有限公司

95. 中国电影出版社有限公司

96. 中国文联出版社有限公司

97. 中国摄影出版传媒有限公司

98. 中国书法出版传媒有限责任公司

99. 书法出版社有限公司

100. 作家出版社有限公司

101. 中国科学技术出版社有限公司

102. 中国华侨出版社有限公司

103. 华夏出版社有限公司

104. 中国红十字报刊社

105. 中华工商联合出版社有限责任公司

106. 团结出版社有限公司

107. 群言出版社有限公司

108. 民主与建设出版社有限责任公司

109. 开明出版社有限公司

110. 中国致公出版社有限公司

111. 学苑出版社有限公司

112. 台海出版社有限公司

113. 中国铁道出版社有限公司

中央金融企业

1. 中国投资有限责任公司

2. 国家开发银行

3. 中国进出口银行

4. 中国农业发展银行

5. 中国工商银行股份有限公司

6. 中国农业银行股份有限公司

7. 中国银行股份有限公司

8. 中国建设银行股份有限公司

9. 交通银行股份有限公司

10. 中国中信集团有限公司

11. 中国光大集团股份公司

12. 中国人民保险集团股份有限公司

13. 中国人寿保险（集团）公司

14. 中国太平保险集团有限责任公司

15. 中国出口信用保险公司

16. 中国华融资产管理股份有限公司

17. 中国长城资产管理股份有限公司

18. 中国东方资产管理股份有限公司

19. 中国信达资产管理股份有限公司

20. 中央国债登记结算有限责任公司

21. 中国农业再保险股份有限公司

22. 中国政企合作投资基金股份有限公司

23. 国家融资担保基金有限责任公司

24. 国家农业信贷担保联盟有限责任公司

25. 中国再保险（集团）股份有限公司

26. 中国建银投资有限责任公司

27. 中国银河金融控股有限责任公司

附录 F

84 项赛事

1.　中国国际大学生创新大赛

2.　"挑战杯"全国大学生课外学术科技作品竞赛

3.　"挑战杯"中国大学生创业计划大赛

4.　ACM-ICPC 国际大学生程序设计竞赛

5.　全国大学生数学建模竞赛

6.　全国大学生电子设计竞赛

7.　中国大学生医学技术技能大赛

8.　全国大学生机械创新设计大赛

9.　全国大学生结构设计竞赛

10.　全国大学生广告艺术大赛

11.　全国大学生智能汽车竞赛

12.　全国大学生电子商务"创新、创意及创业"挑战赛

13.　中国大学生工程实践与创新能力大赛

14.　全国大学生物流设计大赛

15.　"外研社·国才杯""理解当代中国"全国大学生外语能力大赛

16.　两岸新锐设计竞赛·华灿奖

17. 全国大学生创新创业训练计划年会展示

18. 全国大学生化工设计竞赛

19. 全国大学生机器人大赛

20. 全国大学生市场调查与分析大赛

21. 全国大学生先进成图技术与产品信息建模创新大赛

22. 全国三维数字化创新设计大赛

23. "西门子杯"中国智能制造挑战赛

24. 中国大学生服务外包创新创业大赛

25. 中国大学生计算机设计大赛

26. 中国高校计算机大赛

27. 蓝桥杯全国软件和信息技术专业人才大赛

28. 米兰设计周——中国高校设计学科师生优秀作品展

29. 全国大学生地质技能竞赛

30. 全国大学生光电设计竞赛

31. 全国大学生集成电路创新创业大赛

32. 全国大学生金相技能大赛

33. 全国大学生信息安全竞赛

34. 未来设计师·全国高校数字艺术设计大赛

35. 全国周培源大学生力学竞赛

36. 中国大学生机械工程创新创意大赛

37. 中国机器人大赛暨 RoboCup 机器人世界杯中国赛

38. "中国软件杯"大学生软件设计大赛

39. 中美青年创客大赛

40. 睿抗机器人开发者大赛（RAICOM）

41. "大唐杯"全国大学生新一代信息通信技术大赛

42. 华为 ICT 大赛

43. 全国大学生嵌入式芯片与系统设计竞赛

44. 全国大学生生命科学竞赛（CULSC）

45. 全国大学生物理实验竞赛

46. 全国高校 BIM 毕业设计创新大赛

47. 全国高校商业精英挑战赛

48. "学创杯"全国大学生创业综合模拟大赛

49. 中国高校智能机器人创意大赛

50. 中国好创意暨全国数字艺术设计大赛

51. 中国机器人及人工智能大赛

52. 全国大学生节能减排社会实践与科技竞赛

53. "21 世纪杯"全国英语演讲比赛

54. iCAN 大学生创新创业大赛

55. "工行杯"全国大学生金融科技创新大赛

56. 中华经典诵写讲大赛

57. "外教社杯"全国高校学生跨文化能力大赛

58. 百度之星·程序设计大赛

59. 全国大学生工业设计大赛

60. 全国大学生水利创新设计大赛

61. 全国大学生化工实验大赛

62. 全国大学生化学实验创新设计大赛

63.　全国大学生计算机系统能力大赛

64.　全国大学生花园设计建造竞赛

65.　全国大学生物联网设计竞赛

66.　全国大学生信息安全与对抗技术竞赛

67.　全国大学生测绘学科创新创业智能大赛

68.　全国大学生统计建模大赛

69.　全国大学生能源经济学术创意大赛

70.　全国大学生基础医学创新研究暨实验设计论坛（大赛）

71.　全国大学生数字媒体科技作品及创意竞赛

72.　全国本科院校税收风险管控案例大赛

73.　全国企业竞争模拟大赛

74.　全国高等院校数智化企业经营沙盘大赛

75.　全国数字建筑创新应用大赛

76.　全球校园人工智能算法精英大赛

77.　国际大学生智能农业装备创新大赛

78.　"科云杯"全国大学生财会职业能力大赛

79.　全国职业院校技能大赛

80.　全国大学生机器人大赛 –RoboTac

81.　世界技能大赛

82.　世界技能大赛中国选拔赛

83.　一带一路暨金砖国家技能发展与技术创新大赛

84.　码蹄杯全国职业院校程序设计大赛

附录 G

22 项研究生赛事

1. 中国研究生智慧城市技术与创意设计大赛

2. 中国研究生未来飞行器创新大赛

3. 中国研究生数学建模竞赛

4. 中国研究生电子设计竞赛

5. 中国研究生创"芯"大赛

6. 中国研究生创"芯"大赛 –EDA 精英挑战赛

7. 中国研究生人工智能创新大赛

8. 中国研究生机器人创新设计大赛

9. 中国研究生能源装备创新设计大赛

10. 中国研究生公共管理案例大赛

11. 中国研究生乡村振兴科技强农 + 创新大赛

12. 中国研究生网络安全创新大赛

13. 中国研究生"双碳"创新与创意大赛

14. 中国研究生金融科技创新大赛

15. 中国研究生"美丽中国"创新设计大赛

16. 中国研究生"美丽中国"创新与设计大赛——生物多样性保护与利用创新大赛

17. 中国研究生工程管理案例大赛

18. 中国研究生企业管理创新大赛

19. 中国研究生操作系统开源创新大赛

20. 中国研究生"文化中国"两创大赛

21. 中国研究生国际中文教育案例大赛

22. 中国研究生智能建造创新大赛

附录 H

34 项赛事

1. 中国大学生方程式系列赛事

2. KTK 设计奖·全球华人设计比赛

3. 大学生财务决策竞赛

4. "中译国青杯"国际组织文件翻译大赛

5. 中国大学生人力资源创新实践大赛 (HRU 大赛)

6. 中国大学生广告艺术节学院奖

7. 中国石油工程设计大赛

8. 中国国际飞行器设计挑战赛

9. "中装杯"全国大学生环境设计大赛

10. 东方设计奖·全国高校创新设计大赛

11. "外教社·词达人杯"全国大学生英语词汇能力大赛

12. 全国大学生人力资源管理综合能力竞赛

13. 全国大学生计算机应用能力与信息素养大赛

14. 全国大学生软件创新大赛

15. 全国大学生软件测试大赛

16. 全国大学生语言文字能力大赛

17. 全国大学生结构设计信息技术大赛

18. 全国大学生商务谈判大赛

19. 全国大学生数学竞赛

20. 全国邮政行业职业教育快递技能大赛

21. 全国供应链大赛

22. 全国高校计算机能力挑战赛

23. 全国高校企业价值创造实战竞赛

24. 全国高校经济决策虚仿实验大赛

25. 全国高校模拟飞行锦标赛

26. 全国高等学校民航服务技能大赛

27. "求是杯"国际诗歌创作与翻译大赛

28. 时报金犊奖

29. 国际先进机器人及仿真技术大赛

30. 金蝶云管理创新杯

31. "品茗杯"全国高校智能建造创新应用大赛

32. "泰山杯"全国医学影像技术专业大学生（本科）实践技能大赛

33. 新华三杯全国大学生数字技术大赛

34. "福思特杯"全国大学生审计精英挑战赛